关键演讲

每一次演讲都是人生的重要时刻

Sophie ◎ 著

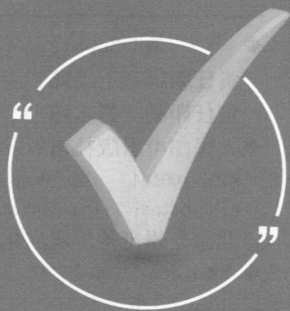

人民邮电出版社

北　京

图书在版编目（CIP）数据

关键演讲：每一次演讲都是人生的重要时刻 / Sophie著. -- 北京：人民邮电出版社，2022.11
ISBN 978-7-115-60116-2

Ⅰ．①关… Ⅱ．①S… Ⅲ．①演讲－语言艺术 Ⅳ．①H019

中国版本图书馆CIP数据核字(2022)第176235号

内 容 提 要

这本书是 Sophie 老师的畅销书《PPT 演讲力》的应用实战版，将《PPT演讲力》里面介绍的"大树法则"，具体落实到了 7 个高频的关键演讲场景中。全书从主题、逻辑、故事、影响力、信念五个维度，针对求职面试、竞聘竞选演讲、销售演示、工作汇报、高管发言、教学培训、直播带货等 7 个高频演讲场景，手把手指导读者为演讲做好充分准备。

本书适合需要做面试演讲、工作汇报、销售演示的公司白领，需要做论文答辩、竞聘演讲的研究人员、学生，需要做教学培训、直播带货的培训师和主播参考阅读。

◆ 著　Sophie
　　责任编辑　王飞龙
　　责任印制　彭志环

◆ 人民邮电出版社出版发行　　北京市丰台区成寿寺路 11 号
　邮编 100164　电子邮件 315@ptpress.com.cn
　网址 https://www.ptpress.com.cn
　北京九州迅驰传媒文化有限公司印刷

◆ 开本：880×1230　1/32
　印张：7.125　　　　　　　　　2022 年 11 月第 1 版
　字数：240 千字　　　　　　　2025 年 11 月北京第 8 次印刷

定　价：59.80 元

读者服务热线：（010）81055656　印装质量热线：（010）81055316
反盗版热线：（010）81055315

前言

每一次演讲都是人生的关键时刻

《关键演讲》这本书，就是为了解决大家因为不敢讲、不会讲而失去、浪费机会的问题而写的。你可以把它理解为一本演讲"字典"，里面收录了**求职面试、竞聘竞选演讲、工作汇报、公司和产品介绍、授课教学、高管发言、直播带货**等 7 类关键演讲场景的表达技巧，搭配 40 多种表达模型和 100 多个参考实例，手把手教你在这些关键时刻应该怎么想、怎么讲。

比如，如何优雅又不失礼貌地拒绝 Offer、邀请或不合理的要求？我会一步步教你如何使用委婉公式：

礼貌拒绝 = 表示感谢 + 拒绝原因 + 替代方案

表示感谢：感谢对方想到你、认可你，或者为你付出的时间和精力等。

拒绝原因：从对方的角度表达原因，为对方着想，这样对方更容易接受。

▮ 举例

如何拒绝同事推过来的工作？

（表示感谢）谢谢你能想到我，或者谢谢你对我工作能力的认可。

（拒绝原因）我手头上有好几项工作正在做，包括工作1、工作2、工作3……我怕再接手您的这个工作，我就很难保证完成的时间和质量，耽误和影响您的工作，辜负了您对我的信任。

（替代方案）要不这样吧，我把之前的方案发给您参考。或者您问问张三，他刚结束了A项目，他的能力完全可以胜任这个工作，他也是一个不错的选择。

拒绝别人也是一种能力，既尊重他人的需求，也尊重自己的意志。那么《关键演讲》这本书适合谁阅读呢？具体如下。

	关键演讲场景	关键结果
大学生	班委/社团/学生会竞选、参与和组织活动 毕业答辩、考公/考研/就业面试	学业深造 工作机会
白领员工	工作汇报、述职竞聘 公司简介、产品方案	提升业绩 升职加薪
企业高管和老板	（对内）管理沟通——各种会议讲话 （对客户）产品发布会、招商会 （对行业）峰会论坛、媒体采访、融资路演	公司领导力 行业影响力 自带流量，登台演讲为品牌代言
副业/斜杠青年	直播带货、短视频	个人品牌 倍增财富
学校老师和培训讲师	课程研发、课程讲授 TTT培训（培训培训师如何做培训）	热门课程 书籍

　　这本书是《PPT 演讲力》的姊妹篇。我的上一本书《PPT 演讲力》在 2021 年初出版，上市仅 10 个月销量超过 10 万册，在当当、京东同品类榜单都曾长期排名第一，我也因为这本书入选了"当当第八届影响力作家"。但是，我更大的收获是得到了读者们的"真爱"，读者们纷纷找我"反馈"——大学老师通过 PPT 演讲成功竞聘教授（曾经有过一次竞聘失败的经历）；银行高管通过工作汇报 PPT 演讲被领导点名加微信，升值加薪还加股票期权；公务员通过 PPT 演讲参加市里评选比赛，一个人拿了比赛 1/10 的奖项……是读者们的成就成就了我，正是你们看了我的书，有了收获，我的付出才有了见证，我的人生才有了价值，谢谢你们!

目录

第三章

手把手教你竞聘、竞选演讲，赢得投票、成功上位

第四章

手把手教你工作汇报演讲，赢得老板认可和升职加薪

第五章

手把手教你公司和产品介绍演讲，赢得客户尊重、信任和订单

第六章

手把手教你教学培训演讲，赢得学员好评、成为知识 IP

第一章

思想边界决定语言边界，
顶尖演讲高手都有的
4 种底层思维

花半秒就看透事物本质的人，和花一辈子都看不清事物本质的人，注定有截然不同的命运。

——《教父》

语言的背后是思想，顶尖的演讲高手往往都有下面这 4 种底层思维。

利他思维——只有从观众的利益出发，才会到达演讲者的目标

绝大多数人都习惯性地会有"利己思维"，也就是从自己的视角思考、演讲，这样就会使观众不爱听、不信任，演讲结束的时候，就达不到预期的结果，比如希望改变观众的思维、让观众采取行动、做出决定等。因为观众爱听的是："你的演讲和我有什么关系？对我有什么好处？"

1. 利他，切换 ABC 视角，讲观众关心的内容

ABC 视角的具体含义如下（见图 1-1）。

A（演讲者视角）= 你想说的（我好）

B（观众视角）= 观众想听的（你好）

C（上帝视角）= 场合需要的（大家好）

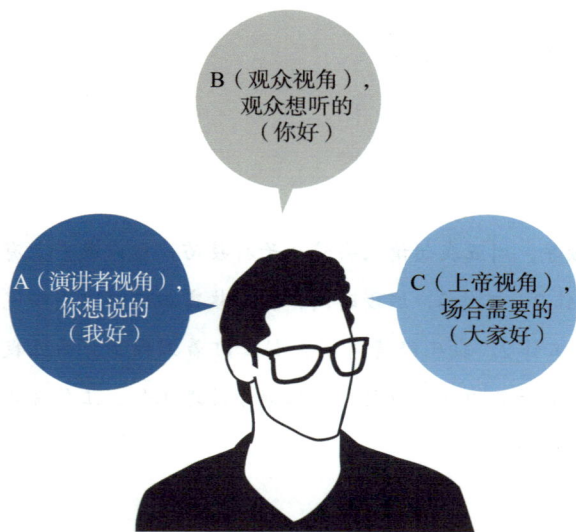

图 1-1　演讲的 3 种视角

比如请假时，你就要站在老板的位置（观众视角 B）去思考，老板反感、反对我们请假，是因为他担心我们耽误工作，至于你的请假理由是什么，对老板来说无所谓；站在公司位置（上帝视角 C）思考，一个萝卜一个坑，如果你请假了，那么你就要协调别人完成你的工作，可是别人还要做自己的事情，即使帮你做了也不一定能做好；知道了老板、公司的需求，我们就简短地说一下请假原因，重点说一下自己目前的工作进度、请假期间的工作安排以及如何保证工作成效。

请假公式 =1 原因 +3 工作

- 工作进度（目前）
- 工作安排（请假期间）
- 工作成效（保证）

举例

领导，周五我想请假去陪孩子打疫苗，目前我手上有工作 1、工作 2、工作 3，这段时间，我会熬夜加班争取周四完成工作 1、工作 2。我已经请同事 A 帮忙盯着工作了，周五我手机畅通，随时可以通过电话、微信同步处理工作，工作 3 不会有影响，请您放心。

拥有 ABC 视角之后，你做的就是大格局演讲，这对小格局或者没格局的演讲就是降维打击。

2. 利他，从"专业模式"切换到"小白模式"，讲观众熟悉的内容

越是专家、专业人士，越是会出现"知识诅咒"，就是你会以为别人也知道你自己知道的知识，你就会很难站在没掌握这个知识的他人的角度去思考、演讲。比如在 IT 技术分享时，不经意提到负载均衡、水平扩容；在运营经验总结时，嘴里时不时蹦出 UV、PV、RV；医生在做

健康科普时，讲生理性白细胞偏低、带状疱疹神经痛……结果往往是观众一脸疑惑，出现"大型迷惑现场"。针对这个问题，我们可以用以下几个方法来解决。

（1）旧知换新知

这个方法是指，演讲中一旦出现专业术语，就要加上"换句话说"或者"通俗地讲"，用观众已知的、熟悉的知识去解释未知的、陌生的知识（类比）。两者越相近、越有联系，陌生的知识就越容易被理解和记忆。

比如，为什么乔布斯介绍第一款 **iPhone** 的时候，不直接说"智能手机"，而是说"一个大屏 **iPod**+ 一个手机＋一个上网浏览器"？因为当时除了他自己和团队，估计没几个人知道什么叫"智能手机"。

再比如，张文宏医生用类比帮助观众理解普通感冒和流行性感冒的区别："流感的全称是流行性感冒，那流行性感冒和感冒是'一家人'吗？那猫和老虎是'一家人'吗？……如果我告诉你流行性感冒是老虎，那你说感冒是什么呢？我告诉你，感冒连兔子都不是，它可能是小爬虫，也可能是苍蝇。"

还有，我的老公 **Peter** 在世界人工智能大会上的演讲，他用类比帮助观众理解传感技术："人从外界获取信息必须借助于感觉器官，比如视觉器官、听觉器官、触觉器官等，但机器没有感觉器官，所以机器必须要借助传感器，传感器就是所有智能设备的感觉器官，它能获取外界信息、解析周边环境并作出相应反应。比如光敏传感器就是机器的视觉器官；声敏传感器就是机器的听觉器官；压敏、温敏、流体传感器就是机器的触觉器官等。"

在做专业演讲时，我们千万不要故弄玄虚、显得高明。比如公司的介绍如果是：专注研发商用智能，投放于餐饮垂直领域，为商家搭建互联网经营场景，提供大数据挖掘和分析、信息运营支撑和服务。那么观众会看得云里雾里，其实用一句话介绍就是：让点餐买单就像逛淘宝一样简单方便的 App。

（2）新知轰炸机

专业人士、专家的发言为什么有价值？就是因为它冲击了你旧的认知，让你获得了新的认知、方法、态度等（见表1-1）。

表1-1 旧知到新知的 3 个转换

对某个知识	认为是那样的	（实际不是）以前的认知都是错的
对某个物件	以为是那样用的	（实际不是）有更好的使用方法
对某个事件	本来态度是那样的	（实际不是）应该是这样的态度

听完这样的演讲后，观众的感觉就是一个字：爽。不仅是输出新知，而且是密集地输出新知，在短时间内不断地轰炸观众的"旧知"，让他们有强烈的获得感、超值感。新东方老师受欢迎的原因就是，他们讲课的风格大多是幽默的而且知识点密集。

（3）所见即所得

这种方法就是让知识视觉化（PPT、视频等），把抽象的东西转化为具象的事物，提高演讲者和观众的沟通效率。比如在申请购房贷款时，分不清等额本金与等额本息，这时一图胜千言（见图1-2）。

信息传播方式的进化过程也是从文字到图文再到视频，社会演化是朝着提高效率的方向前进的，我们要顺势而为。

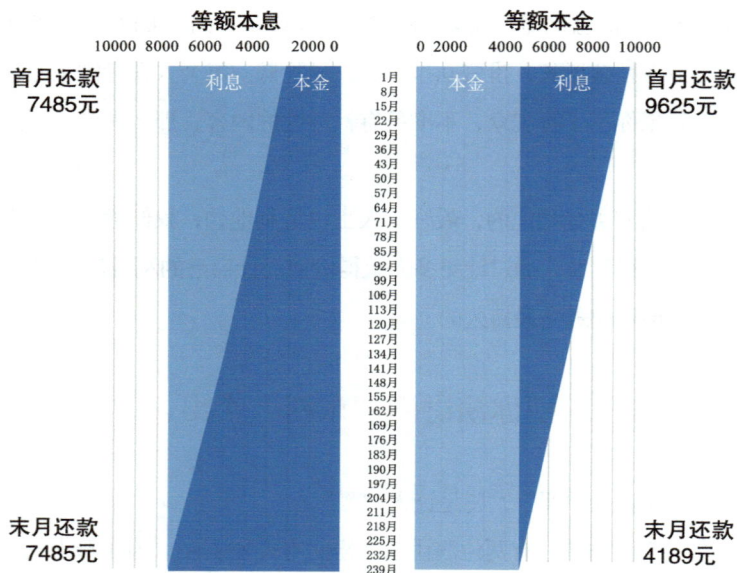

图 1-2　等额本息和等额本金的区别

3. 利他，为不同的观众切换不同的演讲

如果做不到这一点，内容和对象不匹配，哪怕你字字珠玑，演讲目标也会全部落空。

比如，如果张文宏医生演讲时面对的不是普通大众，而是一线医生，那么用猫、虎的类比，就太"小儿科"了。一线医生需要他指导专业技能，治病救人；普通大众需要他指导日常防控，保持安全，这两者不一样。

再比如，软件售前讲方案时，面对一线的 IT 管理员，就要讲操作简单、界面直观（即干活不累）、性能稳定（即不出错、不被骂）；面对

CIO，就要讲信息化提升效率，新技术、新设备；面对 CEO，就要讲 IT 驱动与业务持续增长，投资回报率高，风险低。每个人在意的东西都不一样，如果你不了解观众，不准备有针对性的内容，那么你就说不到对方心里。

最好的演讲是利他的，最好的人生也是利他的，我们通过给他人带来价值而获得利益，通过让更多人获得价值而让自己的利益最大化，"利他"这种商业模式是最持久的。

销售思维——把你演讲的"东西"卖出去

演讲是让人"买"？还是让人"爱"？

在古希腊雅典，有两位演讲家。当时有外敌入侵，为鼓舞士气，两位演讲家都发表了演讲。第一位讲完后，大家都说："他说得真好！"而第二位讲完后，大家都说："走，咱们去跟敌人战斗！"第一位演讲家让观众"爱"，第二位演讲家让观众"买"。没有买的"爱"，不是真爱；没有爱的"买"，无法持久。演讲是让"买"带来更多爱，让"爱"促进更多"买"。

所以，演讲不是站上台，把自己想要说的话说出来，然后再下台，就实现目标了。CEO 演讲，是要销售他的梦想、理念，招募到合作伙伴、高端人才；白领演讲，是要销售他的专业、才华，提高职场"能见度"，升职加薪；设计师演讲，是要销售他的作品、创意，获得更多、更好、更贵的项目机会……

那么，演讲者如何把讲的内容"卖"出去？

演讲要有"卖"的目标，演讲者要有"卖"的目标感。

1. 演讲要有"卖"的目标

以终为始，演讲之前，演讲者要问自己："我想要达成什么目标？"

要做到这一点，我们可以采用 ABCD 演讲目标法（见表 1-2），具体如下。

观众（Audience）：观众不是一个人，而是一群人，演讲者要提取出观众人群的最大公约数，用他们熟悉的语言、事物，讲他们关注的问题，与其产生共鸣。

行为（Behavior）：演讲者通过这个演讲，希望让观众做什么？

条件（Condition）：演讲者要用观众乐于接受的方式，实现自己的演讲目标。

程度（Degree）：观众要采取的下一步行动、转换率。

表 1-2 "PPT 演讲力 36 计"直播课的 ABCD 演讲目标

A（观众）	B（行为）	C（条件）	D（程度）
社群粉丝	购买"PPT 演讲力 36 计"课程	免费线上试听课 三点式通用逻辑（讲干货） ① PPT 设计——告别 Word 搬家 ② PPT 演讲——告别紧张怯场 ③ 实战演练——七步教你做好年终总结	峰值为 2000 人 5% 付费报名线下课程

2. 演讲者要有"卖"的目标感

在演讲中，你要永远说让你离目标越来越近的话。如果你没有目

标，你就不知道自己究竟是离目标更近，还是更远。而且即使有目标，也有一些演讲者在浑然不觉地说着一些离目标越来越远的话。

销售和利他不是反义词，而是近义词，拥有利他思维的演讲者往往知道——得到是在给予中获得的。就像本着成就客户去成交客户一样，演讲者的目标在本质上不是"卖"，而是和客户一起"买"。

系统思维——大树法则，输出基本法

如果把演讲比作一棵大树，那么树干就是你的演讲主题，树枝就是你的演讲逻辑，树叶就是你的演讲故事，果子就是你的演讲传播力和演讲影响力，树根就是你的演讲能量，整个演讲就是一个大树模型（见图 1-3）。

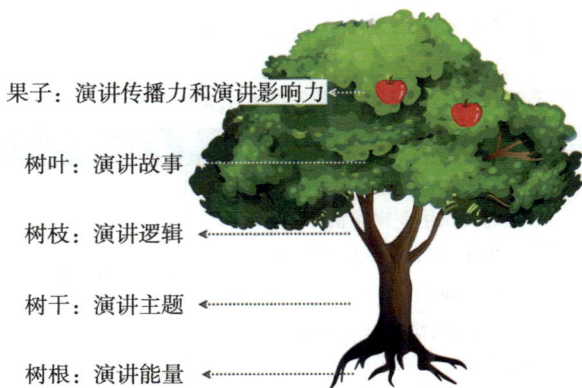

果子：演讲传播力和演讲影响力

树叶：演讲故事

树枝：演讲逻辑

树干：演讲主题

树根：演讲能量

图 1-3 《PPT 演讲力》中介绍的大树模型

与其关心演讲者如何"种树"是成功的，我们不妨先看看如何"种

树"是失败的，就像巴菲特的黄金搭档查理·芒格一样，他总是逆向思考问题，别人都关心如何在股市投资上成功，他最关心为什么大部分人在股市投资上都失败了。

树干
主题不明，就是主题假大空

如果演讲标题假大空、不能吸引我的话，那么我根本懒得去看演讲内容，就算看了也记不住，演讲者等于没讲过。

- 《乐享生活，极致体验》《健康源于好品质》（太假）
- 《沟通的艺术》《法律援助》（太大）
- 《以强大心灵成就未来》《让生命自然绽放》（太空）

1. 对付"假"，就用"真"，用数字 / 背书 / 故事替换形容词

很多演讲者都有个语言习惯——喜欢讲形容词，比如，"我很好""我的产品很好""我的公司很好"，但是比你差 100 倍的人也可以说"我很好"，比你的产品差 100 倍的产品的演讲者也可以说"我的产品很好"，比你的公司差 100 倍的公司的演讲者也可以说"我的公司很好"。我们要用数字、背书、故事替换这些形容词，当别人不能讲出跟你同样的数字、背书、故事的时候，你才"真"的有了差异化的价值。

比如，（手机）产品发布会的演讲主题是《乐享生活，极致体验》，

如果你把这个主题用于其他产品发布会（汽车／厨具／服装等），也都毫无违和感，相当于在说"我的产品很好"。我们再看看 2021 年小米手机发布会，雷军的演讲主题是《我的梦想，我的选择》，他首次揭秘了自己最艰难的 10 个选择（故事），并宣布了小米的下一个目标：三年时间，拿下全球第一（数字）。

再比如，和府捞面的宣传语，不是说"汤很好"，而是说"1 斤骨头 3 碗汤"。

2. 对付"大"，就用"小"，用"目标人"替换所有人

当你的目标对象是所有人时，你将一无所有。比如我们一位学员的一次演讲主题是《沟通的艺术》，这个主题太大，18 分钟演讲哪里承受得起这么大的主题，我听完后发现学员分享的是和孩子发生矛盾冲突的故事，所以我们把主题改成《孩子与父母冷战，怎么办？》，把主题缩小到亲子沟通，"片面的深刻"比"全面的肤浅"更加打动人心。

再比如电影《我和我的祖国》，也是通过一些普通人在关键历史时期的小故事，表现了爱国的主题。这就是典型的以小见大。观众想看的，其实就是真实可感、有血有肉、离他们生活很近的东西。

另外，"大"就容易"多"，演讲者总想讲更多，而观众则饱受喋喋不休之苦久矣。

3. 对付"空"，就用"实"，用具体替换抽象

比如我们一位学员的一次演讲主题是《以强大心灵成就未来》，分享的是他高考失败后连续创业成功的故事，这个主题很空，我就建议他改成《高考失败了，你的人生就这么完了吗？》，用具体的"高考"替

换抽象的"心灵"，用他自己成功逆袭的故事来告诉观众，人生不止高考一条出路，天地广大，大有可为。

注

有假大空的主题，很有可能也会有假大空的内容（树叶）。

树叶（故事）"空"往往是缺少具体事例 / 过程 / 方法，概括几句话就把事情讲完了，观众心里想："你说的这些我们都知道，你能不能讲点我们不知道的？"

比如领导发言："想要提高销售业绩，需要多积累意向客户、多拜访客户、多挖掘客户的痛点，勤奋、努力一点，一定可以提高销售业绩。"这个发言太空洞，领导讲完之后，员工还是不知道怎么提高业绩水平，因为员工没有获得任何关于"提高业绩水平"的具体指导。演讲者应该提供具体指导，比如，什么是意向客户？领导可以指导说："我们有一个法则叫'MAN'，M 就是 Money，即客户有没有付款能力，能不能买得起产品；A 就是 Authority，即决策人，我们直接联系的客户能不能拍板、做主，否则中间的传达工作就很耗时间；N 就是 Need，即客户有没有强烈紧迫的需求。"

总之，演讲资源是有限的，演讲者必须要做出取舍——（取）讲重点（观众关心关注点）、亮点（差异化价值点）；（舍）不讲正确的、假大空的废话，就好比某个演员看起来各方面都很优秀，但就是长着"大众脸"，不能让人印象深刻。

树枝

逻辑混乱，想到什么说什么（凭感觉和情绪）

没逻辑 = 没重点 + 没条理

1. 没重点？先说结论

我们平时思考、说话习惯了"因为这样，所以那样"的逻辑，对方需要耐心听完内容，才知道我们要说什么。演讲恰好相反，观众没有那个时间 / 心情 / 精力去等，或者去猜你要说什么，你要在一开口时就告诉观众，你究竟要说什么——观众关心的观点 / 卖点 / 价值，这样观众才愿意跟着演讲者的思路走。

比如，诸葛亮一开始就告诉刘备，全国市场将三分天下，分别是曹氏集团、孙氏集团、刘氏集团（有你一份）。再归纳三点，有条理地分析，曹氏集团发展靠天时，孙氏集团发展靠地利，刘氏集团发展靠人和……所以人家第一次面试后，就成了二把手。

再比如，你想说服老板给你增加人手，不要"铺垫一大堆（忙不过来）+ 威胁（后果很严重）"。老板会不耐烦，心里也没有底，不耐烦是他不知道你说了那么多，和他有什么关系；心里没有底是他不知道如果给你增加人手，会不会有业绩结果。因此，正确的方法如下。

要资源公式 = 业绩目标 + 请求资源 + 预测回报

你可以直接告诉老板："为了实现公司营业收入 1 亿元（公司目标），我们渠道部门计划新增 10 个分销商（部门目标对齐公司目标），需要招

聘一个资深、有资源的渠道 BD（商务拓展），总包薪酬为 50 万元。按每个分销商贡献 200 万元营业收入来计算，10 个新分销商就是 2000 万元营业收入。用 50 万元的投入成本，带来 2000 万元新增营业收入，还是很值得的。"

2. 没条理？归纳三点

人类认识世界最根本的模式就是"分类"，就像《易经》解释世界的方式一样，从太极到两仪到四象到八卦。就演讲而言，按如下方法来分类，既方便演讲者记忆和表达，也方便观众理解和接受。

（1）分类要符合 MECE 原则（见图 1-4）

MECE 是 Mutually Exclusive Collectively Exhaustive 的缩写，翻译过来的意思是"相互独立，完全穷尽"。

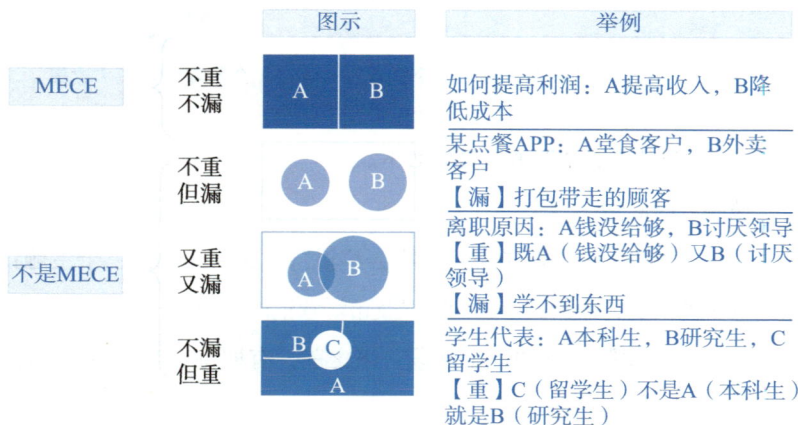

		图示	举例
MECE	不重不漏	A　B	如何提高利润：A提高收入，B降低成本
不是MECE	不重但漏	A　B	某点餐APP：A堂食客户，B外卖客户 【漏】打包带走的顾客
	又重又漏	A　B	离职原因：A钱没给够，B讨厌领导 【重】既A（钱没给够）又B（讨厌领导） 【漏】学不到东西
	不漏但重	B　C　A	学生代表：A本科生，B研究生，C留学生 【重】C（留学生）不是A（本科生）就是B（研究生）

图 1-4　MECE 示意图及举例

（2）分类尽量不超过 7 块，最好是 3 块

一般人最多只能记住 7 块，比如说赤橙黄绿青蓝紫，柴米油盐酱醋茶……分太多"块"，观众的大脑很容易因为超负荷而导致记不住。人最容易记住 3 块，所以演讲者应尽量把内容归纳为 3 类，告诉观众你要讲 3 块，观众脑中就有了个大体框架，再为每个分块提炼 1 个关键词或者关键句（见图 1-5）。

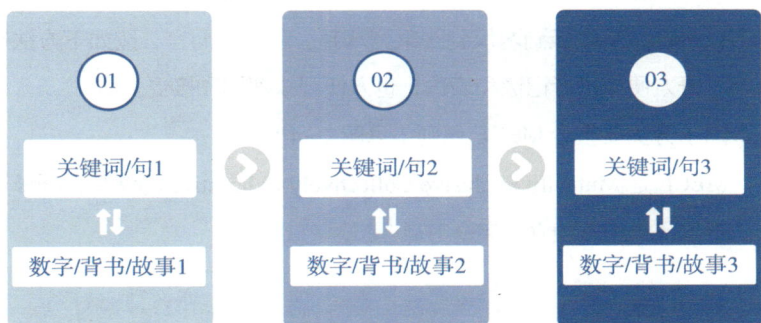

图 1-5　把内容归纳为 3 块 +3 个关键词 / 句 +3 个数字 / 背书 / 故事

6 个常见的"分块"方法具体如下。

第一，时间法

比如，"2019 科特勒未来营销峰会演讲"，"我今天想讲三个主题：市场营销的历史，今天的市场营销以及市场营销的明天。"

再比如，体验设计的三个阶段：来之前，有期待；来之中，有惊喜；走之后，有谈论。

还有，我在大学毕业 10 周年聚会上的演讲。

首先，我选用了 3 个时间（年龄）点：18 岁走进大学，22 岁大学

毕业，32 岁毕业 10 年。

然后，我为每个时间（年龄）点提炼了 1 个关键句（人生感悟），具体如下。

18 岁教会了我：原来世上没有绝境，人总是会因祸得福的。

22 岁教会了我：人生最好的状态就是向上的状态。

32 岁教会了我：选择你喜欢并且能脱颖而出的领域坚持下去，中年也可以不油腻。

最后，我在每个时间（年龄）"分块"中都讲了一个自己的人生故事。

22 岁，大学毕业后我和老公 Peter（大学同班同学）去北京吭哧吭哧找工作，找了好久，很苦闷。我问 Peter："为什么别人家里会给安排现成的工作？为什么别人家里会给准备现成的房子？有人出生时就很富有，我们再怎么努力也赶不上他们了。"Peter 却说："是的，有人出生时就已经到达了人生巅峰，所以他这辈子可能只有'下坡路'走，你却有大把大把的'上坡路'走，你比他强。"所以，22 岁教会了我：人生最好的状态就是向上的状态。

第二，空间法

比如，×××款汽车是好车，在实验室，它有各种新技术……在流水线，它有各种高指标……在 4S 店，它有各种优质服务……

第三，对象法

比如，什么是好产品？从用户的角度来看，好产品操作简单方便，能够快速解决问题……从产品的角度来看，好产品有独特竞争优势，能够快速持续迭代……从商业的角度来看，好产品能够为公司创造价值，包括但不限于盈利模式，市场战略……

第四，2×2 矩阵法

这个方法就是指按照二维矩阵进行分类（如图 1-6 所示）。

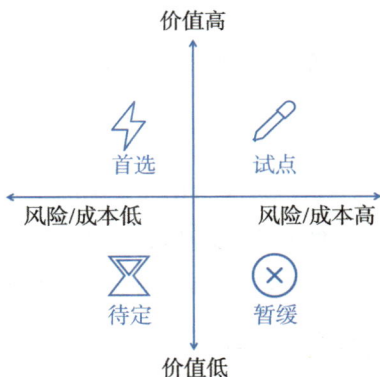

图 1-6　可选方案优先级 2×2 矩阵

比如，如果你拿着产品方案 PPT 和老板汇报新功能 A，可能就会被老板问住："我看竞争对手新开发了一个功能 B，我们为什么不去做呢？"所以，你应该在规划产品功能的时候，就根据价值、风险成本不重不漏（MECE）分类，比如，A 价值高、风险 / 成本低，首选；B 价值低、风险成本高，暂缓；C 价值高、风险 / 成本高，试点；D 价值低、风险 / 成本低，待定。而不是直接拿着 A 方案汇报，有时候，决定不做

什么，比决定做什么更重要。

有意识地运用矩阵法，可以拓展思考的维度，让你的思维从"一根筋"变成"两面通"，而且不会遗漏关键要点。

第五，公式法

这种方法就是用数学公式来表达"分类要素"之间的"连接关系"。

比如，销售额＝流量 × 转化率 × 客单价 × 复购率。

再比如，贝克哈德改变公式：

D（不满意）× V（愿景）× FS（第一步）> RC（抵抗改变）

如果你想要改变，那就需要"你对当前的不满"，"你对未来的愿景"，和"你要改变的第一步"，这 3 者的乘积大于改变的阻力，改变才有可能发生。这个公式全都是乘法，不是加法，就是说只要有任何一个变量是 0，结果就是 0。比如你不知道改变的第一步要做什么，"第一步"的变量是 0，那么这个改变的结果就是 0，改变就不可能发生。

第六，经典法

你可以直接运用现成的 MECE 分类方法，比如管理学中用来提升质量的通用模型 PDCA 循环法，即计划（Plan）、实施（Do）、检查（Check）、行动（Action）。这些方法都是前人的思考成果，也是后人的阶梯。

树叶

老生常谈，只讲道理

小时候总以为有理就能走遍天下，长大后才知道，这个世界是从不讲道理的，比如和老婆讲道理——是不是不想过日子了？和老板讲道理——是不是不想工作了？在家里要讲"情"，在职场要讲"利"，演讲，就是讲情怀和利益的故事。

故事就是事故（冲突 / 意外 / 挫折 / 巧合 / 误会）

武侠小说中，让你印象最深的，一定是"掉山洞"的情节。

开头，掉山洞里。

主角失足摔下悬崖……

比如——

某一件事，打破了你平常的生活 / 工作，你不得不面对一系列烦恼 / 挑战 / 困境，你很痛苦。你被"坑"得越惨，观众就越同情和关注你。

中间，修炼中。

主角在一个山洞里苏醒，无意间发现一本武功秘籍，然后按照此秘籍潜心修炼……

这部分是重点，几乎整个故事都是在讲述你的挣扎和斗争史。注意，不要让胜利来得太早、太快、太容易。

结尾，爬出来。

主角重出江湖，震惊武林……

比如——

你成为人生赢家。

下面我用海蓝之谜的品牌故事来举例说明。

◢ 举例

（掉山洞里）物理学家麦克斯·贺伯（Max Huber）博士在为 NASA 工作时，因火箭燃料爆炸导致脸部严重灼伤，经过无数次的求医都无法除去烙痕。

（修炼中）贺伯博士辞去了工作，把自己家里的车库改成了实验室，亲自投入了研究开发，历时 12 年、6000 次实验之后，在 1965 年发明了"海蓝之谜"。

（爬出来）神奇的面霜"海蓝之谜"让贺伯博士的皮肤重新变得细滑、健康，被称为"面霜之王"。

树根
紧张怯场，大脑一片空白，语无伦次

很多人一要演讲，整个人就都不好了，就好像不是去讲台，而是去断头台。经过亲身体验，很多老师、书籍中教的深呼吸、心理暗示都没有任何作用，气都喘不上来了，根本无法做到深呼吸！心理暗示变成内心大戏——"我最棒""我要死""我能行""我要死"……交替上演，简直是心脏要爆炸的感觉！那如何拥有上台演讲不紧张的超能力呢？

1. 提升实力和准备到位

狼看见羊时，狼紧张不紧张？不紧张。羊看见狼时，羊紧张不紧张？紧张。很多人都说自己演讲时会紧张，其实你不是在演讲时紧张，在做任何不会、不熟的事时，你都会紧张。外在表现出来的，就是放不开、不放松，这时你的能量很低，完全带不动观众。能量从何而来？就是从实力和准备而来！如果你的实力提升了、准备充足了，那么你的紧张感就容易被消除了（参考《PPT演讲力》中的第六章）。

NOTES

注

　　恭喜你，做难事必有所得。你身上的本事，都是在你很艰难的时候长出来的；你身上的毛病，全是在你很舒服的时候惯出来的。这是人生的基本规律。

2. 和紧张做朋友

心理学有一个著名的实验，叫"不去想粉红色的大象"。志愿者被反复告知不能去想粉红色的大象，结果发现，这是很难做到的，因为此时此刻，粉红色的大象已经在他脑子里了。他越是告诉自己不要想粉红色的大象，粉红色的大象越是往他的脑子里钻。其实紧张也是一样的，你越去想不要紧张，紧张越会钻进你的脑子里。

心理学家李松蔚带着女儿学游泳时，女儿很紧张，教练就和她说你别紧张，这么一说，是不是就等同于"不去想粉红色的大象"？结果就是女儿更紧张了，还呛水了。李松蔚就和女儿说，教练说的不对，每一

个学会游泳的人，都得紧张 100 次，你现在紧张多少次了？女儿说十多次，李松蔚告诉他的女儿："那你再紧张 80 多次就学会游泳了。"真的，他女儿很快就学会了。因为接受了紧张，女儿觉得紧张次数越多就会离成功越近，所以就不怎么紧张了。

其实紧张是一种正常的情绪反应，对舞台有渴望和敬畏，也是正常的生理反应。对外部刺激和困难有准备，就会让我们表现更好。

紧张的时候我们的身体会分泌肾上腺素，这是一种促使我们"搏斗"或"逃跑"的激素。我们在舞台上面对观众时，就像我们的祖先在丛林里面对野兽时一样，要么搏斗，要么逃跑，不管你选择哪一种，肌肉都需要巨大的能量，所以你会心跳加快、呼吸加速，目的是向肌肉输送大量含氧血液（血压和血糖升高）去逃跑或去搏斗。这时你会浑身发热，手心冒汗，甚至发抖。肌肉能量爆棚时不能跑又不能打，就只能抖。你的瞳孔放大，为的是看清楚往哪逃或往哪打，可观众看你时，反而认为你目光呆滞、眼神发直。能量是守恒的，如果这里能量多了，那么那里能量就少了，比如这时脑子会严重缺血缺氧，一片空白；再比如唾液会停止分泌，你会感觉口干，想喝水，可喝完水后，你又想去厕所，想排空身体，跑得更快（羊在受到惊吓后会一边跑一边排泄）。所以，你紧张，这是正常的，你不紧张，才不正常。我们要学着和紧张做朋友，这样紧张就会消失或者为我们所用。

3. 不怕输，你才不会输

你预想的失败比实际的失败要大很多。成功和失败的概率应该各占 50%，你不能只想着失败的 50%，忽略成功的 50%。而且如果你做了充

分准备，那么你的成功率会高于 50%，没有人天生就是一个演讲家，不过是讲了一遍又一遍而已。

所以如果"摊上大事儿了"，我建议大家把第一反应"我会不会输"，改成"我会不会死"。只要你还能吃能喝能睡觉，就都不是事儿。10 天之后，10 个月之后，10 年之后……除了你自己还记得，还不放过自己，还有几个人会记得呢？我很忙，没有时间和精力去揣测别人对我的看法与评价。别人也很忙，谁愿意花费时间和精力在一个毫不相干的人身上？哪怕今天你出丑了，只要明天你出众、出彩，就都是好故事。相信我，世界上一切事情都是好事，如果你认为事情还不够好，说明还没有到最后。

4. 永远不要在陌生的地方演讲

如果你在演讲之前，没有到现场去感受一下，那么当你开始演讲的时候，你可能会发现，舞台不舒服，灯光不舒服，麦克风不舒服……哪里都不舒服，完全找不到感觉。我们跨界来看，一个大型交响乐的总指挥，总是会在演奏前一天跑到现场，站在音乐厅指挥台上，感受观众席和乐队席。这样，第二天，这个现场就是他的主场了。

5. 无我，方能无畏无惧

很多演讲者都把关注点放在自己身上——"我讲得好不好，观众喜不喜欢我？如果我讲得不好怎么办？别人会不会嘲笑我？"……发现了吗？如果你过度关注自己，就会超级紧张。我们要把更多的关注点放在观众身上。演讲对应的英文单词是 Presentation，里面的 Present 就是"礼

物"的意思，我想送给观众什么礼物？传播一个好思想？分享一个好方法？推荐一个好东西？……你会迫不及待地要告诉观众这个好消息的。

果子

毫无影响，演讲没有设计记忆点，就无法传播

一定要去设计你演讲中的"果实"，这个果实是观众可以带走的东西，它可以是一个被观众传播的金句/口诀/行动/表单等。

比如行动，在 TED 演讲《肢体语言塑造你自己》中，演讲者艾米·库迪（Amy Cuddy）在结尾讲到："我想请求大家，摆一个高能量姿势，并且，把这项科学成果分享出去，因为它真的很简单，那就是'神奇女侠姿势'（如图 1-7 所示）……这会大大地改变你们的生活。"

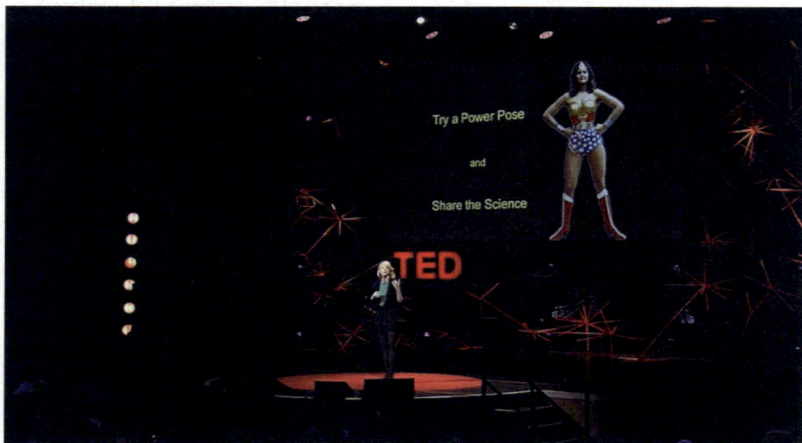

图 1-7　TED 演讲《肢体语言塑造你自己》的号召式结尾

再比如，我们学员接到领导的任务（也是机会）是，给银行团队长们分享《如何做好一场沙龙活动》，我建议她，把流程清单、海报模板、报名工具等整理成一份"沙龙实操礼包"送给现场观众，这就是个获得感满满的"果实"。

复利思维——围绕个人品牌 IP 进行价值输出（演讲），打造个人品牌护城河

1626 年，荷兰人彼得（Peter）用 24 美元从印第安人手里买下了曼哈顿岛，到 2000 年，曼哈顿岛已是全世界最繁华的商业中心之一，价值 2.5 万亿美元，彼得当年太赚了。但是如果我们换个角度重新计算一下呢？如果彼得当年用这 24 美元投资美国股市，按照平均年化投资收益率为 9% 来计算，到 2000 年，这 24 美元将变成 238 万亿美元，远远高于 2000 年时曼哈顿岛的价值，这么看，彼得又太亏了。这就是复利的力量，爱因斯坦说，复利的威力比原子弹还大。复利的计算公式如下：

$$FV=PV \times (1+i)^n$$

FV（Future Value）是指财富未来的值（本息总和），代表你最终的成就。

PV（Present Value）是指财富现在的值（本金），代表你现在把"能力圈"变现的本事（主业 / 副业）。

i 为（单个周期内的）利率或回报率，代表你的演讲（输出）质量和频率。

n 为周期，代表坚持和坚持以后的"习惯化"。

1. 根据自身优势来选择赛道（PV）

这就是指打造个人品牌 IP：将事业引入一个更高的层次（可以是主业，也可以是副业）。

主业：把你的专业分享出去，成为行业意见领袖（KOL）。

"35 岁现象"，其实表现为两个极端，一个是有工作被裁、找工作被卡，越来越不值钱；另一个是高级段位人才依旧很稀缺、抢不到，越来越值钱。两极分化的分水岭就是——这个人，有没有行业影响力，是不是行业 KOL。所以，你的目标不仅是成为公司优秀的产品经理 / 市场经理等，还要成为业内知名的产品经理 / 市场经理等。

也就是说，你不仅要有自己专业领域的知识，还要懂得如何将自己领域的知识、经验固化成一个个文章、演讲、PPT 课件，可以随时随地、线上线下在公司内部分享或者在行业外部交流。即使你再有本事，如果不分享、不出名、不入圈，那么谁又能知道你呢? 更好的跳槽、创业机会往往就是校友圈里的一次内推，沙龙上的一次碰面，领英上的一次分享……而不是在普通招聘网站上投递简历"求"职。

副业：把你的热爱分享出去，成为垂直细分领域的 KOL，变现或转正。

副业是"斜杠"，不是兼职，兼职是用时间换钱（比如送外卖、开滴滴），但副业是边提升自己边赚钱。

比如跑步爱好者，可以做"瘦身跑"垂直领域个人 IP，分享跑步的文章、视频、音频到各种自媒体平台，就会吸引粉丝的关注，因为你做

了他们想要做却没有做到的事，之后再卖产品、卖服务、卖广告变现，成为一个有 IP 的带货小能手。

再比如全职宝妈，可以做"宝宝餐"垂直细分领域个人 IP，分享营养配餐、美食烹饪等。用专业的知识给其他宝妈们推荐合适的餐具、辅食等，使她们不至于买错和浪费。凭粉丝量拿正品授权和低价，主动让利，只赚很少的差价，靠口碑和复购，带娃的同时顺便赚钱。

相比明星顶流、机构，我们普通人更适合做"垂直细分领域"的个人 IP，创办一个厉害的公司，需要选择一条足够宽的赛道，然而成为一个厉害的人，只需要一条极窄的路、极小的机会就行。

2. 用输出倒逼输入（i）

没有输入就没有输出，但是如果没有输出，输入会大打折扣，输出到一定量级后，我们会感觉演讲匮乏（肚子里的干货讲光了，没什么可讲），又需要持续输入更多信息（技能/知识/思维）。比如咨询顾问的收入高、能力强，就是因为他们的职业驱动力强，他们能够输入各种信息，然后输出报告，高速吞吐。

只要 i 是正数，每天进步一点点，随着时间的拉长，就会有指数级收益，就像网店销量越高、排名越高；排名越高、销量越高。让别人难以模仿和追赶，你的个人品牌就有了复利的正面影响，你就占据了一个赛道，你的人生路就会越走越宽。

3. 做时间的朋友（n）

复利的神奇之处在于，做一件事情，一年内可能看不到什么变化，

但如果你坚持做，三年、五年、十年，你会发现重大变化，巴菲特一生 99% 的财富，是在 50 岁后赚到的（见图 1-8 ）。

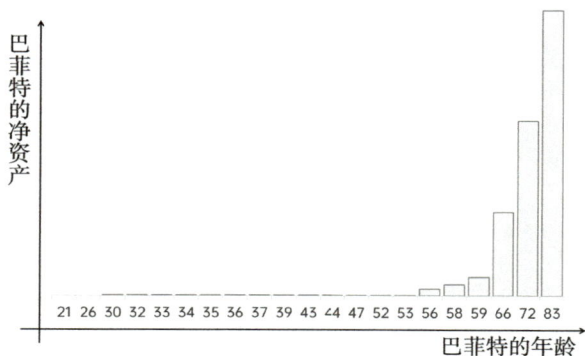

图 1-8　巴菲特不同年龄时期的净资产量

个人品牌的打造不是做网红，不是一夜成名，不是成为暴发户，更像是农夫种田，要耐心等待时机成熟，这样人生最差的结果无非是大器晚成。

4. 多元回报和多次回报（FV）

你为自己的演讲在当下付出时间、精力后，它会在往后的岁月里源源不断给你带来价值——文章（逐字稿）、视频（演讲）发布让更多人看到。如果在某一领域发布的内容足够多，你还可以将这方面的内容浓缩加工成课程（免费或付费），或者针对性地提供咨询服务，或者整合成畅销书。相当于将自己的时间卖很多次，卖很久。同时，个人价值的增值又会让时间的价格卖得更贵。

第二章

手把手教你做求职简历和面试演讲，成为 Offer 收割机

简历，是一场不见面的面谈（演讲）。

老规矩，我们先从大树法则说起。

树干（主题）——如何写出 HR 眼中的高分简历

简历不是敲门砖，简历名称才是。简历名称相当于演讲 / 文章标题，先于简历内容被 HR 看到，千万不要使用大家都在用的简历名称，比如"我的简历""个人简历""张三简历""求职简历"，或者莫名其妙的口号——"机会是留给有准备的人的""天生我材必有用"等，HR 不想看这些，如果你这样写自己的简历名称，很可能你的求职还未开始就已结束；或者 HR 忘记了你，HR 面试了很多人，都没有什么印象，最后还是翻简历看，谁知道简历名称为"个人简历"的"个人"是谁呢？

1. 简历命名公式

简历命名 = 应聘岗位 + 姓名 + 匹配卖点

具体来说，就是你想干什么，你是谁，你有哪些能力。

比如：

应聘财务 – 张三 – 已获得注册会计师；

应聘数据分析岗 – 李四 –2 年腾讯数据分析经验；

应聘 IOS 开发工程师–王五–曾参与开发 × × × APP，日活 500 万+；

应聘产品经理（助理）– 赵六 – 有美团实习经历。

这样写的好处是让 HR 一秒知道你的卖点（名校 / 相关经验等），也知道你是谁、你的来意，能大大提升 HR 打开你的简历的概率。

注

请以 PDF 的格式发送简历，这种格式在任何设备上看都是同一个效果，也方便 HR 打印。

2. 如何用"相亲思维"写简历

面试和什么最像？不是考试，而是相亲！合适比优秀更重要！奔驰、宝马汽车好不好？好！但如果在农田里干活，那它们就不如拖拉机。所以，好简历不是把最好的经历一一呈现，而是要与目标岗位相匹配。匹配度越高，进入面试的可能性就越高。而进入面试时，回答各种问题的核心，也是你和公司岗位的匹配点，你应该告诉面试官，在你的过往经历中，有什么样的能力、业绩，证明你能从事此工作且做得很好，值得他们花钱雇用你。

如何匹配公司岗位？

（1）5C 匹配标准

能力（Competency）：个人能力是否匹配企业需求。

职业规则（Career Development）：个人成长目标是否匹配公司提供的机会。

薪酬（Compensation and Benefits）：个人薪酬福利要求是否匹配公司预算。

文化（Culture）：个人三观是否匹配企业文化。

氛围（Chemistry）：个人性格是否匹配团队氛围。比如华为喜欢招有 PSD 特点的学生，PSD 就是 Poor、Smart、Desire 的首字母缩写，翻译过来就是"出身贫寒、聪明能干、充满野心的人"。

（2）解读招聘广告 + 匹配职业经历

HR 想要看什么，你需要写什么，秘密都藏在 JD（Job Description）也就是岗位描述里了，把 JD 分解成一条一条的要求，其一般分为硬性要求、专业技能、通用技能，把它们都圈出来。

硬性要求：学历、年龄、专业等（海量筛选用）。

专业技能：内容创作、视频剪辑、活动策划、数据分析等（简历和面试用）。

通用技能：与人沟通、团队协作、抗压能力等（一般面试用）。

（通用技能误区）人往往会觉得"我都符合啊"，因为每个人都会往好的方面去想自己，但实际情况并非如此。除非你能举出例子或者数据来证明你符合。

■■ 举例

罗永浩写给俞敏洪的求职信，就是罗列新东方 JD 的 9 个要求，对应自己的匹配点。

俞校长您好，

我先对照一下新东方最新的招聘要求，来介绍一下我自己。

1. 有很强的英语水平，英语发音标准。

我的英语水平还好，发音非常标准，我得承认自己比王强老师的发音差一点，很多发音恐怖的人也可以是新东方的品牌教师，我不知道为什么要求这一条，尽管我在这方面没有问题。

2. 大学本科或以上学历，英语专业者优先。

真不喜欢这么势利的条件，这本来应该是"实力""马力"之流的学校的要求。

3. 有过考 TOEFL、GRE 的经验。

我考过两次 GRE。

4. 有教学经验者优先。

我曾经教过半年培训课。

5. 口齿伶俐，中文表达能力强，普通话标准。

我的口齿岂止伶俐，简直凌厉，我的普通话十分标准，除了对卷舌音不太在意，如果在意，平舌音也会发错，所以两害相衡取其轻。

6. 具备较强的幽默感，上课能生动活泼。

我会让学生们开心。

7.具备较强的人生和科学知识，上课能旁征博引。

除了×××，我在新东方上过课的老师都和文盲差不多，当然他们还小，说到底，×××的全部知识也只是在于让人看不出他没有知识而已。

8.具备现代思想和鼓动能力，能引导学员为前途奋斗。

新东方的学员是最合作、最容易被鼓动的，因为他们来上课的最大目的就是接受鼓动，这个没有问题。

9.年龄在40岁以下。

我的年龄是28岁。

……

所以你应该对照招聘广告的要求点，对应你以前的工作/项目经历，筛选出要点做重点包装。时时刻刻都要想着你应聘岗位的要求，只写与应聘岗位相关的经历。对于那些无关的项目，你应该毫不犹豫地删除它们。

不仅要读懂 JD 的字面意思，还要洞察字面背后的"深意"（见图 2-1）。

字面意思：

"增长"出现了 6 次，"裂变"出现了 3 次（转介绍也是裂变获客），"数据分析"出现了 2 次。

背后深意：

第一，公司的需求是招聘一个会玩"裂变"，能够实现用户"增长"的人；

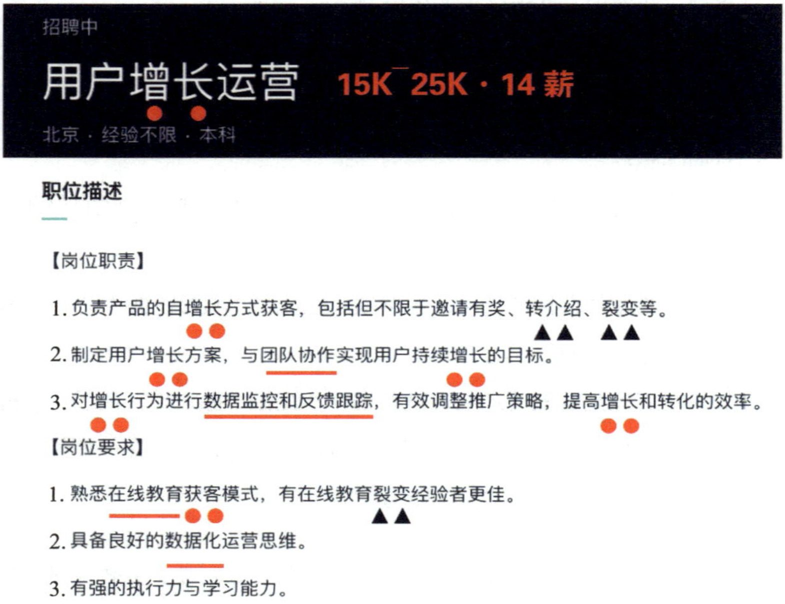
招聘中

用户增长运营 15K—25K · 14 薪

北京 · 经验不限 · 本科

职位描述

【岗位职责】

1. 负责产品的自增长方式获客，包括但不限于邀请有奖、转介绍、裂变等。
2. 制定用户增长方案，与团队协作实现用户持续增长的目标。
3. 对增长行为进行数据监控和反馈跟踪，有效调整推广策略，提高增长和转化的效率。

【岗位要求】

1. 熟悉在线教育获客模式，有在线教育裂变经验者更佳。
2. 具备良好的数据化运营思维。
3. 有强的执行力与学习能力。

图 2-1 用户增长运营岗 JD

第二，增长的方法是数据挖掘、分析，提高转化率，说明公司已经过了前期粗放式增长阶段，现在卡在精细化增长瓶颈；

第三，每一环节中都会有用户流失，提高各个环节的转化率是所有部门一起协作的共同结果。

应对策略：

如果你之前做过用户增长，就要在简历 / 面试里重点突出裂变活动、获取到了多少用户、收入；

如果你之前没有做过用户增长，但确实对这个岗位很感兴趣，那就

快速学习一些课程，补齐这方面的知识。

字面意思：

团队精神导向。

背后深意：

发号施令是没用的，要靠个人魅力说服别人和你一起或者为你做事。

应对策略：

讲一个跨团队合作的项目，虽然项目组成员不直接汇报给你，但是通过你的领导力，最后成功完成项目。

如果没有完全匹配的经验，就要进一步挖掘"擦边球"的经验，提高匹配度。比如如果你申请的是策划岗位，那么可以写你在校期间组织过某个活动，从而体现你的策划能力。

协助组织 2 次学生创意大赛的推广和执行，自主设计宣传海报，撰写报名帖和赛事报道，并在学校公众号发布（阅读量为 3000+），吸引超过 1000 名学生报名参赛。

（3）只写客观事实和数据，不写主观评价

不要写"成绩优秀"，要写成"成绩前 ×%"；

不要写"得到了老板的肯定"，要写成"绩效考核等级为 A（仅前 15% 的员工获评）"；

不要写"效果很好"，要写"增加了 18% 的日活"。

换个视角，HR 看简历，就像你看促销海报、传单，你最想看什么？"50% OFF"！

（4）突出 / 前置 / 重复关键词

HR 只会花十几秒时间来浏览一份简历，就能决定要不要面试你，你的简历不是被阅读，而是被扫描，你应该重点加粗突出你想让 HR 看到的关键点（匹配点）（见图 2-2），务必将"大招"放在前面，要让 HR 一眼看出你是他想要的人！

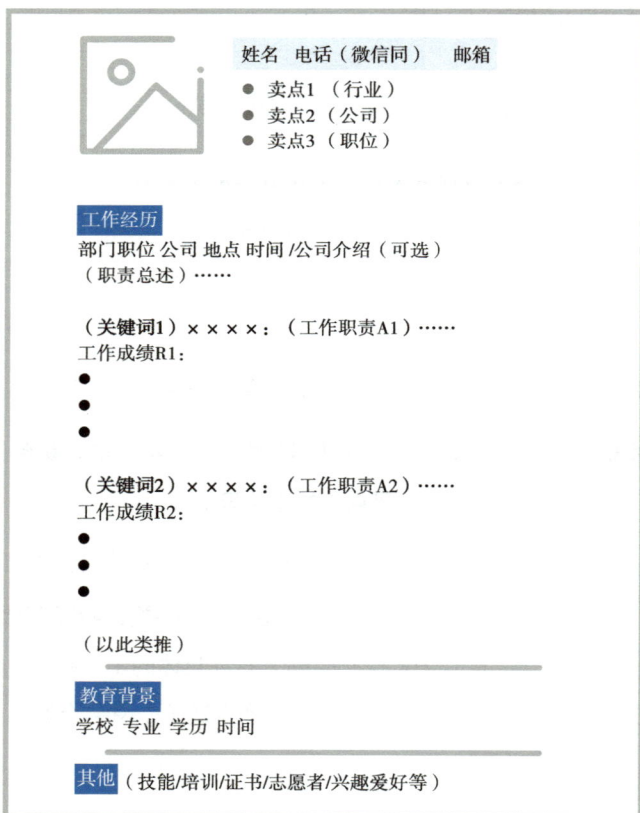

图 2-2　具有相亲思维的简历结构图

因为要匹配、要合适，所以别想着一份简历走天下，最后哪儿也去不了。为了表示求职诚意，请为不同的 JD 准备不同的简历（利他思维）！

树枝（2WHY 逻辑）——为什么公司岗位需要我？为什么我需要公司岗位

所有面试，归根结底，就是回答这两个问题：

- 为什么公司岗位需要我？（能力匹配）
- 为什么我需要公司岗位？（职业规划）

1. 基本信息

这部分信息就是能让面试官快速认识你，并且联系到你。

基本信息 = 照片 + 姓名 + 电话（微信同）+ 邮箱（快速联系）+
3 个卖点（快速认识）

其他的信息，比如性别、身高、体重等，一般都不需要写。需要写的 3 个卖点，99% 的人都没有写。卖点要和岗位相关，最好把行业、公司、职业各写一个。即使 HR 没有时间去看你具体的工作经历，但他只要看了这 3 个卖点也能知道你有多厉害、多合适（先说结论）。

注

不用担心和简历标题的卖点重复，刻意的重复，是内容上的强调、印象上的叠加。

比如张三的 3 个卖点如下。

- （行业）超过 12 年企业级（B2B）市场战略、整合营销和业务增长经验。
- （公司）先后担任 IBM 全球市场营销中心数字营销部门经理、华为全球市场营销部高级营销经理、TE 泰科电子传感器事业部亚太区市场部负责人等。
- （职位）组建和领导过 30 余人的跨国团队。

比如李四的 3 个卖点如下。

- （行业）20 多年电子制造行业 NPI 新产品（主板 / 显示板卡 / 内存 IC）导入经验。
- （公司）既有富士康、深科技等 EMS 大厂经验，又有从 0 到 1 建厂经验。
- （职位）千人团队管理经验。

其他卖点参考如下。

有背景：知名学校 / 公司。

有年限：8 年 B 端产品经理经验 /5 年跨境电商供应链经验。

有行业：有 4A 广告公司从业经验。

有获奖：公司奖、行业奖等。

有证书：**CPA/CFA/PMP** 等。

有管理：从 0 到 1 快速搭建 30 人团队 / 3 年带领 2 个社团举办十余次大型校园活动 / 曾经有创业经验等。

有影响力：发表 / 出版过行业相关文章 / 书籍 / 演讲等。

2. 工作经历（或者实习 / 社团经历）

写简历时，你的脑海里会浮现大大小小曾经做过的工作，也恨不得把这些大大小小的工作，全部都堆砌到简历上去，但这样就没了重点，没了条理。要梳理架构，分门别类、先总后分。

（1）部门职位 / 公司 / 地点 / 时间： 如果你的公司很有名，比如 IBM、华为，那么你就不用写公司介绍了。如果你的公司不怎么有名，那还是要写公司介绍，且要写出价值，比如上市公司（股票代码）、国家高新企业、全球三大电动工具制造商、公司团队核心成员来自 BAT、主营 ×× 业务、与 ×× 渠道或大企业有合作关系，等等。

（2）职责总述（先总）： 用一句话讲清楚，你这段经历的主要工作内容和累计成果（数字证明）。

（3）分项工作（后分）：

分项工作 = 关键词（加粗，HR 看到这些词语也更敏感）**+ 工作职责 A（做了什么、怎么做的，专业性）+ 工作成绩 R（做成了什么，数据化）**

比起"做了什么"来说，HR 更想知道你"做成了什么"，这也是大多数人写不好简历的原因，怎么看都像招聘网站上的 JD（岗位描述），

比如：

负责设计薪酬管理体系；负责优化产品的质量、性能及用户体验；负责制定销售计划，完成销售目标……

好像什么都写了，又好像什么都没写，把简历换成别人的名字，也完全没问题（假大空）。这就是因为没有写工作成绩 R，即具体的、可量化的、亮眼的事实支撑和数据表现。

要做到这一点，大家可以参考《PPT 演讲力》中介绍的 STAR 星星模型（见图 2-3）。

- 在什么环境（Situation）下？
- 你的具体任务（Task）是什么？
- 你如何行动（Action）？
- 最后达成了什么样的结果（Result）？

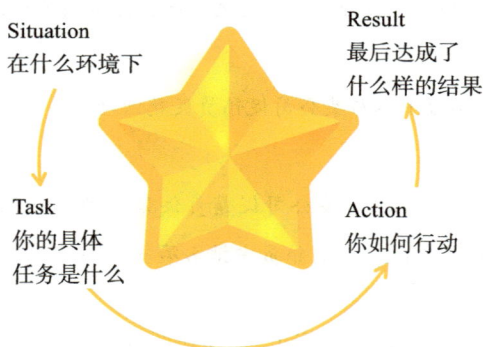

Situation
在什么环境下

Result
最后达成了
什么样的结果

Task
你的具体
任务是什么

Action
你如何行动

图 2-3　展示能力的 STAR 星星模型

简历只要写 STAR 中的 A 和 R 即可。A 表示具体做了什么，R 表示做的结果，不要写 S 环境和 T 任务，因为如果你把它们全部写上去，简历信息太多，反而会把 A 和 R 信息内容淹没，A、R 是重点，S、T 留到面试过程中重点讲解。关键是量化！量化！还是量化！

举例

推动公司新考勤制度的落地执行。

VS

推动公司新考勤制度的落地执行，使员工未打卡率下降了65%，职员流动性下降了17%。

主管 ISO9000 认证。

VS

主管 ISO9000 认证，9 个月之内使企业达到了认证标准。

（暑期实习）参与某公司促销员促销活动。

VS

（暑期实习）参与某公司促销员促销活动，当天个人销售额达 5000 元，在 20 名促销员中排名第一。

所以，如果你想要写好简历，应该按照 KPI 考核指标写，这样 HR 才知道你做得好不好、有多好，而不是按照 JD 岗位描述写。

工作成绩要分清楚范围。

独立完成（第一负责人），参与完成，还是协助完成？

项目级，部门级，公司级，还是行业级？

是你个人创造的增量业绩，还是平台原有的存量业绩？

举例

张三的工作经历如下（部分节选）。

×××事业部亚太区市场部负责人，×××公司，深圳，2018 年 5 月—至今

职责总述

作为亚太区核心领导团队成员，从 0 到 1 主导制定×××事业部亚太区市场战略"赢在中国"五年规划（2019—2023年），提升品牌认知，拓展生态圈，拉动业务持续保持 2 位数的增长率。

分项工作

（关键词 1）整合营销：（工作职责 A）洞察宏微观市场现状和竞争趋势，明确客户购买行为及画像，重新树立品牌定位和传播矩阵，确定战略聚焦领域，打通重点应用领域和产品，制定预算和资源计划，领导亚太区内部团队和外部团队（如广告 / 公关 / 媒体 / 协会等）策划和执行全球重点"赢在中国"市场战役。

工作成绩 R：

- 2020 年完成×××销售线索及×××销售额目标；

- 2019 年完成 ××× 销售线索及 ××× 销售额目标；
- 首次联合十余家亚太区域渠道伙伴资源推广，支持分销业务 ××× 增长；
- 发布业内第一个思想领导力系列报告《智能时代 ××× 发展及应用报告》及《智能时代医疗应用 ××× 发展报告》。

（**关键词 2**）**团队管理和发展**：（工作职责 A）制定亚太区市场部年度目标和团队成员发展计划，赋能和激励团队超额完成任务。

工作成绩 R：
- 2021 年带领团队荣获"最佳客户影响力"奖；
- 个人连续两年被评为最佳员工（前 20%）；
- 2020 年获得深圳市产业发展与创新人才奖。

李四的工作经历如下（部分节选）。

产品工程部经理，PCBA 厂，群创光电，深圳，2006 年 5 月—2011 年 5 月（公司介绍）群创光电是富士康旗下全球排名前 5 的面板厂。

职责总述

负责显示器产品 /TV 产品的 PCBA 的新产品导入，工程变更，新产品试做线；专案管理，包括新厂建厂 / 新业务开发和承接；制造部管理（2000 人以上规模）。

分项工作

（关键词 1）从 0 到 1 的建厂经验：（工作职责 A）参与和管控显示器产品 PCBA 厂（H5 4F）建厂规划和管理。

工作成绩 R：

- 建成 PTH 生产线 10 条、SMT 生产线 10 条、AI 生产线 5 条，产能 1500K/M；
- 主导 H5 3F 建厂和管理，搭建制造部、工程部并负责管理；
- 参与成都和宁波建厂规划。

（关键词 2）新产品导入：（工作职责 A）新项目承接，建立和管理试做线。

工作成绩 R：

- 负责所有显示器产品新产品导入、进度、生产，5 年内所有项目 0 延误；
- 承接光电板新产品项目导入，从产品立项到设备购买立项，到人员招募组织搭建，到品质改善，最后成功量产；
- 主动寻找代工业务，填补空余产能，承接集团内摩托罗拉机顶盒 PCBA 代工项目，为工厂创收 ×××万元净利润。

（关键词 3）团队管理和发展：推广学习型组织，师徒制，建立逆向考核制度，打造业绩优秀团队，制造处排名第一。

- 培养工程师十多名，储备课长 2 名。
- 人力精实专案，精简人力 18%（159 人）。

王五的工作经历如下（部分节选）。

新媒体运营，×××信息科技有限公司，2015年10月—2017年7月

职责总述

负责公司服务号内容运营、粉丝维护、活动策划。

分项工作

（关键词1）活动策划：（工作职责A）与设计、技术、营销、客服配合，展开线上活动策划及管理，如大转盘抽奖、话题互动抽奖、晒照赢免单、抢红包、新年签、与Uber车主端合作互推等；活动预算申报、活动效果预估、活动效果监控。

工作成绩R：

- 粉丝从5000+增长到48000+；
- 注册用户增长30%；
- 成交订单从日均300单到如今日均1500单，交易额增长400%。

3. 教育背景

只写最高学历，如果最高学历高于本科，就写本科和以上学历。交代清楚学校、专业、学历及时间即可，举例如下。

清华大学信息管理与信息系统本科2012年9月—2015年6月

如果有辅修双学位、交流交换的经历，可以写，其他不写。

4. 其他（技能 / 培训 / 证书 / 志愿者 / 兴趣爱好等）

（1）要和岗位相关

比如你要去应聘行业分析师，那么你可以放 CFA、CPA 之类的证书，没有必要放驾照之类的证件，如果你放了驾照之类的证件，那么只会让人感觉你实在是没有什么可写的了。

（2）要有产出结果

比如培训，具体如下。

×× Python 大数据开发培训 2020 年 6 月

培训内容：AARRR 模型 / 电商分析常用指标 /Pandas 数据清洗 /Groupby 函数、交叉表、透视表 /Matplotlib+Searborn 可视化。

培训结果：实战输出淘宝用户行为数据分析。

IBM GSS（Global Sales School）2010 年 11 月—2011 年 6 月

培训内容：顾问式销售模型及演练。

培训结果：团队获得最佳表现奖，其后被邀请担任 Sales Advisor 培训 GSS 新同学。

比如技能，具体如下。

× 熟练使用各种办公软件；

√ PS（设计促销海报 30+）；

√ PPT（独立制作公司简介和产品方案 PPT）；

√ Excel（会搭建 DCF、LBO 等类型估值模型）。

比如兴趣爱好，具体如下。

时间管理：在知乎平台有自己的专栏，300+ 原创文章，获得 18w 次赞同。

英语演讲：国际演讲俱乐部 NGO（Toastmasters Club）区域总监，2016—2017 年管理 5 家俱乐部，200 余位会员。

长跑：跑完 2 个半程马拉松，个人最好成绩为 2：04：46。

比如志愿者，具体如下。

云南少数民族希望工程项目志愿者和深圳大使，该项目 25 年来在云南捐了 25 所学校，110 间双师教室。

树叶（故事）——如何回答 HR 的 5 个高频面试问题

HR 的面试问题有 60% 都来自于简历。我们完全可以从简历里预测面试问题，这样准备就会更充分。

1. 被问"你为什么投这个岗位"，该如何回答

HR 问这个问题，是想了解你对这个岗位的理解，或者你对自己能力的理解，以及二者的基本匹配分析，并确认一下你不是凭感觉、看待遇随便投的。你可以用"知、能、愿"模型（见图 2-4）来回答，具体如下。

知：是认知，是应聘者了解这个岗位所要做的事情。

能：是能力，是应聘者拥有这个岗位需要的技能、资源。所以，不要再说应聘这个岗位可以学到很多东西，这样回答就反了，你是来"教"的，是带来价值的，不是来"学"的，你会给公司交学费吗？

愿：是意愿，是应聘者对岗位的热情和规划。

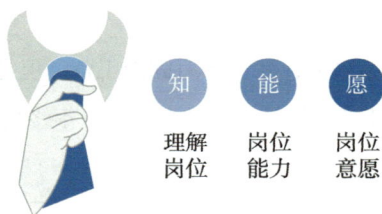

图 2-4 "知、能、愿"模型

举例

（知）我了解到运营管理工作主要是负责带领团队完成拉新、激活、留存和转化。

（能）我曾经通过裂变营销 3 天内低成本拉新 2 万人，并总结了 18 种拉新方法，包括免费的、付费的、短期见效的、长期有效的、线上和线下的……（挑 1 个方法来展开说，不用把所有内容都说出来，吊足 HR 的胃口，让他觉得你有能力，上岗就能出活）。

（愿）我对贵公司的产品和服务很感兴趣，对做好这份运营工作很有信心。

2. 被问"你期待的薪资是多少",该如何回答

HR 自己的考核指标不是压价,而是招人、留人,不被业务团队责怪招人慢、招错人。压价不会让 HR 招到人,即使招到了人,他也可能会跑路,所以大家不要把 HR 当敌人,当"中介"就好。

(1)千万不要先报价

千万不要先报价,而是应该反问 HR,向他了解薪酬范围、结构,包括涨薪规则。对你来说,薪资＝月固定工资。但是,对于企业来说,薪资＝总包＝基础工资＋绩效＋补贴＋福利＋年终奖＋股票＋期权……

注 NOTES

只有现金部分是实实在在的,比如总包为 100 万元年薪,谁能保证股票(RSU)和期权(Option)是多少?现金部分大约占 6 成,也就是 60 万元,这 60 万元还是按 15 个月计算(多的 3 个月工资算年终奖,根据绩效考核发放,还是没保证),60 万元 ÷15＝4 万元,交完社保交完税,实际到手也就 3 万元出头。

(2)千万不要报低价

千万不要报低价,因为这个数字一旦被你说出口,就再也没有上涨的可能,如果你不适合这个岗位,HR 也不会因为你的报价低,就选择你。你可以去各大招聘网站看看你的市场价值大概是多少,或者咨询猎头对方最多能给到多少,然后把它作为你的薪酬期望。而且从某种程度上说,敢于要高薪,证明你对自己的能力是很自信的。

3. 底薪低，跳槽时如何突破市场默认或者公司规定的"一般涨薪不超过 20%"

薪资涨幅的本质不是"一刀切"，而是由人才市场中价值和价格的关系决定的。比如 A 的薪资为 2000 元，B 的薪资为 3000 元，那么就说明 B 比 A 贵吗？那小米手机 2000 元和 iPhone 手机 3000 元，你觉得哪个贵呢？贵有贵的理由，你要超过 20% 的涨薪，就要给出涨薪超过 20% 的理由，比如学历背景、专业能力、客户资源都非常优秀等，HR 也需要理由帮你找老板批"特价"。

▰ 举例

我理解贵公司对涨薪幅度范围的要求，几轮面试下来，您也认可我是适合这个岗位的人选，对吧？希望您尽量帮我申请到这个岗位 ×× （高）职级，我期望的薪酬是 ××。我过去薪酬低，不是因为我绩效不好、能力差，而是因为我稳定性好，我在上一家公司工作了 4 年，在公司内部的涨薪幅度肯定比不过频频跳槽，如果只以历史薪酬为依据，对我可能不太公平。

4. 被问到"为何频繁换工作"，该如何回答

你要回答 HR，为什么过去频繁换工作，然后向 HR 承诺这次会在公司长期工作（不像以前）（如图 2-5 所示）。

什么叫"频繁"？可以参考业内"不成文的规定"，具体如下。

5年内不能换超过3份工作，平均每份工作时间不低于2年或者有一份工作是3年以上，刚毕业前2年时工作不稳定，可以理解。与此同时，"很稳定"也不见得是好事，在一家公司一待就是5年、10年，也没晋升，也不跳槽，你是在"打酱油"吗？

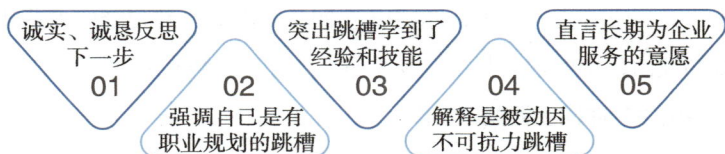

诚实、诚恳反思下一步 01

强调自己是有职业规划的跳槽 02

突出跳槽学到了经验和技能 03

解释是被动因不可抗力跳槽 04

直言长期为企业服务的意愿 05

图 2-5　回应 HR"为何频繁换工作"的 5 个要点

（1）诚实地告诉 HR 跳槽原因和对比的反思

举例

之前我频繁跳槽确实是因为我不知道自己适合做什么，就想着趁年轻多经历、多体验、多尝试，经过几次跳槽后，我慢慢发现了自己的兴趣和优势是……也明确了自己的职业发展路线是……所以来应聘××岗位，咱公司是××领域的龙头，我希望、愿意在公司长期发展。

很多人的简历中都有职业空白期、转行失败、中途创业等类似的"硬伤"，你一定要塑造"浪子回头金不换"的人设，因为大部分公司都喜欢敢于挑战、敢于创新的员工，但又害怕员工不安心工作。"浪子回

头"型的员工都是"撞了南墙懂得回头"的人，你应该让面试官看到一个更成熟、更理性的你。

（2）强调是有职业规划的跳槽

举例

> 虽然我跳槽的次数多，但每一步都是根据我的职业规划走，并非乱来。我的职业规划是……我在之前岗位上学到的知识和技能包括……恰好能够帮助我更好地胜任您公司的岗位，帮助企业发展。

如果你前几次都是在一个职业方向上换工作，那么你可以回答自己是通过不同的岗位和机会，锻炼和积累自己在这个领域内的核心竞争力，希望最终在这个领域内成为专家。"人往高处走"乃是人之常情。

举例

> （乙方咨询顾问转甲方战略部）我致力于成为医疗行业 IT 顾问，之前我在乙方做咨询顾问，给不同行业做战略、组织绩效、IT 等，但是很难整体、深刻了解医疗行业，所以就跳槽到 A 医疗公司做市场洞察。又因为甲方更注重业务、管理方案实战落地，所以我又跳槽到 B 医疗公司做 BD，有了这些经验积累，所以我现在来贵公司（医疗行业）应聘战略部高级经理。

（3）突出跳槽学到经验和技能

告诉 HR，之前你所积累的经验、学习的技能正好可以在这个岗位得到最大程度的发挥。

▌举例

> （销售转营销）我之前的销售岗位是偏市场开拓的，具备极强的营销 - 销售的协同能力，如果把商场比作战场，公司有什么地盘（客户）、用什么武器（产品、定价）、有什么粮草（广告、活动）、有什么兵力（销售）……都是营销运筹帷幄，销售决胜千里。3 年销售经验让我更贴近一线，深知如何以业务驱动为核心做营销。

（4）解释是被动的不可抗力导致自己跳槽

不可抗力的意思是跟你无关，比如，公司垮了、项目撤了、部门解散了，等等。

> "疫情影响，公司业务调整，新业务不符合我的职业发展目标。"
> "公司搬到北京了，我更想留在深圳发展。"
> "（外资企业）本土员工很难再有往上的机会，遇到成长天花板。"

（5）直言长期为企业服务的意愿

给 HR 吃下一颗"定心丸"。

5. 被问到"你还有什么问题要问我"，该如何回答

没问题 = 无所谓

有问题 = 你的价值观里最关注什么事情

× 薪资有多少？

× 平时加班吗？

（减分）不太专业、比较功利。

√ 团队文化是怎么样的？有几位同事？向谁汇报？领导风格是什么样的？

√ 应聘公司 / 部门未来 3~5 年的发展规划、需要达成的目标是什么？最大的挑战是什么？

√ 公司为什么要招聘这样一个岗位？这个岗位是新增还是离职补聘？原因是什么？

√ 这个岗位在公司的培训、晋升、成长路径是什么？

√ 您在这家企业工作了多久，是什么吸引您在这里工作呢？

（加分）针对未来的工作内容进行提问，比较容易赢得 HR 的好感。

简历、面试可以趋利避害，但不可以作假、说谎。HR 不仅有公司群，还有行业群、同业群，一旦你被 HR 拉进黑名单，那么你在这家公司、这个行业甚至更多行业的工作机会就到此为止了。像相亲一样，所有的提问和回答都是为了找到另一半的小心试探，真诚才能让双方都做出正确的判断，"骗婚"的后果是惨重的。所以，如果你准备了很久，在简历、面试这一关时还是被刷下来，那么你也不要气馁，这有可能反而是件好事，它能够让你去更适合你的地方发展。

果子（传播力与影响力）——更新"老简历"、构造"新简历"

1. 更新"老简历"

至少以年为单位更新自己的简历，否则你根本记不清当时做了什么。至少每年都出去面试一次，不管你是否决定换工作，都要了解市场行情和自己的市场价值，以及应该再提升什么技能可以让自己保值增值。你可以长期坚守不跳槽，但是要有随时跳槽的资本。

另外，你应该和接触过的 HR、猎头加好友、保持良好的关系。自己的圈子里如果有适合他们岗位的朋友，你应该主动帮忙推荐，成人之美，猎头也会因为你的善意而选择和你长期沟通，有适合的职位，会第一个想到你。

2. 构造"新简历"

现在的求职方式由简历与面试构成，简历最多 4 页，面试最多 1 个小时，你只能部分呈现，很难完整呈现自己，越资深越难。所以你需要一份"新简历"，比如公众号、LinkedIn、社交媒体等，你应该持续地向外界展示你的知识与经验，吸引潜在的招聘企业、CEO、HR 主动邀请你入职，而不是被动求职；或者拉着面试官看你发布的内容，也是加分项。

树根（能量）——怎样才能找到值得自己一辈子追求的使命 / 事业 / 职业规划

所有人都会有这样的问题。如果找不到值得自己一辈子追求的使命 / 事业 / 职业规划，哪怕面试成功也是失败。比如，张三的职业规划如下。

中期目标是成为科技、跨国公司市场一号位 CMO。

长期目标是立志成为有全球影响力的市场营销专家顾问和投资人。

更长期的目标（退休）是成为高校教授（"教书匠"），市场营销是实战性很强的学科（很多大学的市场营销老师都没有做过市场营销实战工作），之前的实战经验能够帮助大学、学生和学界提高理论与实践相结合的能力。

如果你还没有找到此生的事业 / 使命 / 职业规划，那么可以从兴趣、优势、意义、变现四圈交集里找（见图 2-6）。

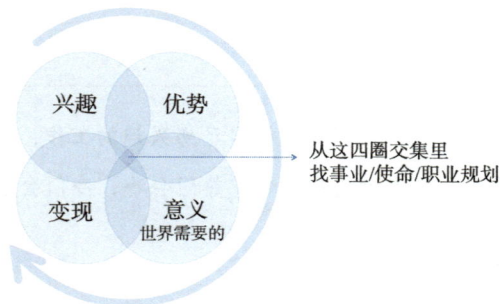

图 2-6　事业 / 使命 / 职业规划的四圈交集

1. 兴趣，是做你喜欢做的事情

兴趣就是隐藏的能力，比如我喜欢演讲，可是一开始，我都没有真正做过公众演讲，周围的人也没有觉得我演讲能力强，这说明我具备演讲的潜力，但演讲还不是我真正的优势、能力。

SIGN 模型可以帮你找到这种潜在的、未被唤醒的力量。

（1）Success（我行）——虽然你没做过某事，但就是觉得自己能做好（迷之自信）。

（2）Instinct（我要）——没人督促你时，你就迫不及待想要尝试做某事（异常兴奋）。

（3）Grow（我能）——你发现自己学某事或者做某事时，又快又好又开心。

（4）Need（我乐）——你发现自己做这件事本身就是回报。就像杨丽萍说的，"跳舞就是跳舞最好的回报"。

所以在年轻的时候，你应该多开眼界、多尝试、多体验，在与世界交手的路上找到自己的兴趣。看到真正的高手 = 看到自己的可能性，即使看错了，也收获了经验。

注

为什么一开始，我们是选择自己感兴趣的工作，而不是选择高薪的工作呢？因为时代在变化，热门会冷，冷门会热，但理想是永恒的。

2. 优势，做比别人做得好的事情

兴趣经过刻意练习，才能转变成能力、优势。但是有能力不代表有兴趣，比如擅长做账不代表喜欢做账，可能是迫于谋生或工作需要，经过训练和积累，能力可以发展到适当甚至较高的程度。但是真正的专长和世界级的能力几乎完全是在我们的兴趣范围之内获得的，因为人们总是会为他们喜欢的事情全身投入、全力以赴，就好像有着用不完的能量，这不一定很容易，但是你会觉得很满足、很充实，不会感到疲倦和厌烦，只要你有的选，你就会选择它们，最后稳定又被他人认可的表现就是能力、优势。所以，兴趣会激发能力，能力会形成优势。

3. 意义，做对别人有帮助的事情

有些人认为帮助别人对自己毫无意义，实际情况正好相反。你能成功，是因为别人希望你能成功，并支持你成功。他们为什么希望你成功？是因为他们能从你的成功中获益！他们为什么支持你成功？是因为你能全心全意帮助他们，你获得了他们无条件的信任！这就是你的价值。

比如玩游戏、刷抖音等其实是"假兴趣"，因为没有创造价值，但是做游戏直播、攻略、视频剪辑是"真兴趣"，因为创造了价值。"假兴趣"就是顺从自己的欲望和本能，"真兴趣"则是把时间和精力投入到自己喜欢但困难的事情上，把自己变成一个更好的人。两者最主要的区别在于是否舍得为自己付出。

4. 变现，做能赚钱的事情

赚钱，放在最后。赚钱表面上看起来很难，但却是最容易的一件事。因为说到底，赚钱就是一个结果，就像农民经历了播种、浇水、施肥等，收获粮食就是水到渠成的事情。

你一定能找到事业 / 使命 / 职业规划，前提是你一定要认真、真诚地对待你所做的事情，就像史蒂夫·乔布斯所说的那样，你的心知道方向和希望之所在。无论你当初是从哪条路上出发的，你的人生都会在一次次的选择中逐步向那条特定的道路转变。

第三章

手把手教你竞聘、竞选演讲，
赢得投票、成功上位

职称竞聘、职务竞选往往都具有一定的竞争性和淘汰比例，演讲者在这样的场景下往往压力非常大。那么，如何化解竞聘、竞选演讲中的焦虑，充分展示自己的成绩和实力？

下面我们还是先用大树法则来分析一下竞聘、竞选时应该如何讲。

树干（主题）——领导为什么会投票给你

归根结底，领导或者决策者把票投给你，是因为这样比投给你的竞争对手，对公司或组织的发展更有好处。这也是我们准备竞聘、竞选演讲的一个基本前提，从这一点出发，我们可以继续确定整个演讲的逻辑框架和内容。

树枝（逻辑）——竞聘、竞选演讲的 4P 逻辑

竞聘、竞选演讲的结构，可以按照 4P 逻辑来组织搭建，具体如下（见图 3-1）。

- 自我介绍：Position（为什么）

- 胜任证据：Proof（凭什么）
- 工作计划：Plan（干什么）
- 承诺拉票：Promise（要实现的目标）

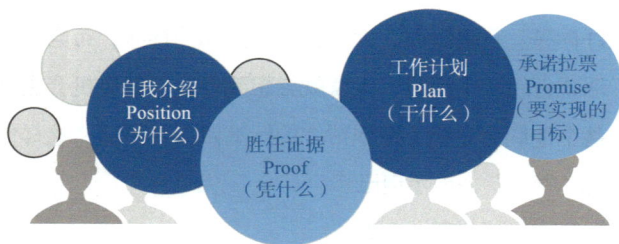

图 3-1　竞聘演讲的 4P 逻辑

树叶（故事）——竞聘、竞选演讲具体要讲哪些内容

在竞聘、竞选时，我们常常可以听到下面这样的演讲。

各位领导、同事们！大家好！我叫张三，今天我竞选的职位是 ×× 经理！我觉得我是一个很负责、很努力、很有想法的人！如果我有幸当选，我会团结同事、帮助领导，开展更多的工作！希望大家投我一票，谢谢！

这其实是一堆正确的废话！换别人说也完全可以，没有任何说服力。下面我们来看一下，要想提升你的竞聘、竞选成功率，究竟应该讲哪些内容。

1.（Position）自我介绍，用职场标签帮你说话

怎样让别人记住你呢？很简单，给自己贴一个和竞聘岗位匹配，且有差异化优势的标签！比如你竞聘财务岗，那么"管家婆"就是好标签，精打细算会过日子；再比如你竞聘数据分析岗，那么"Python 大拿"也是好标签。一提到你，大家就会想到你的标签，每当需要你的标签技能干活或者组队干活时，大家就会想到你，你就有机会去展示自己的能力。甚至他们会有意无意地帮你的标签做口碑传播，这样你又有机会到更大的"舞台"去展示自己。

更多标签建议请参考图 3-2。

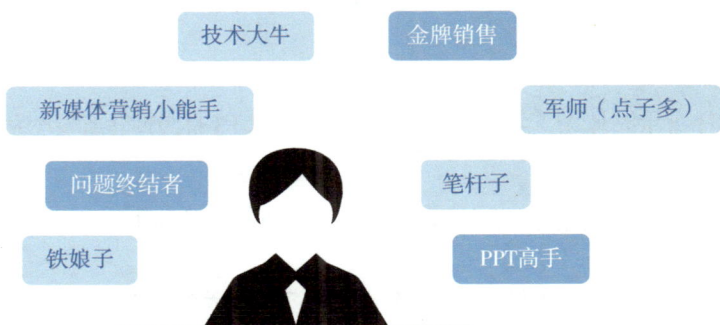

图 3-2　职场标签举例

2.（Proof）如何证明自己是不二人选而且有高投入产出比

以前你管理自己时，管理得不错，但怎么能证明你管理别的员工，甚至管理别的经理时，也会管理得好呢？旧岗位和新岗位是不同的两个岗位，与其炫耀自己在旧岗位上做得有多好，不如琢磨新岗位需要一个

什么样的人。

1. 再次提醒，不要啰唆地介绍你所有的工作，只讲和新岗位匹配的重点、亮点工作即可。

2. 你说自己这牛那牛时，在别人听来，就是在否定别人这不牛那不牛，或者忽略别人。因为越是"牛"事，越不可能是一个人做出来的，越是大家合作的结果。

（1）你对竞聘岗位的理解：高度＋新意

你对竞聘岗位的理解，就是站在领导 B、公司 C 的视角，甚至行业 C+ 视角，看到和别人不一样的、更深刻的理解。这才是体现你与其他竞聘者的差距、体现自身能力水平的地方。

比如产品经理岗，这个岗位不仅是产品设计，更是产品运营。如果把从 0 到 1 产品设计的过程比作是"生孩子"，那产品运营就是解决 1 到 100 的问题，也就是孩子生出来之后的成长问题，其核心主要是围绕拉新、留存、促活、变现开展工作。

（2）你匹配新岗位的经历：数字＋成绩背书＋初心激情

比如，我们有位学员，竞聘大学教授，我就指导她，先讲你对岗位的理解，大学教授是以学生为本，教学、科研两手抓，教学第一，给学生前沿资讯；科研第二，给学生社会资源。

然后再讲自己匹配的教学和科研的经历数字和成绩背书。比如教学方面，有量、有质、有果（三点式逻辑——同字提炼大法）。

有量：超额完成 2 倍教学量，全英文教授病理学等共计 16 门课程，其中有 4 门是新课程。有质：在全校个人教师综合测评中，2 次获得全校前 10 的成绩。有果：以病理学课程为依托，作为副主编，编写《病理学 PBL 教程》，是中医院校首本 PBL 教程，目前在全国广泛使用……

如果在匹配之上，再多一份热爱、热情，大家会更加支持你，因为没有人能拒绝一个人的梦想和初心。比如，"教学工作的成就，就是成就一批优秀青年学子。想象一下，如果有一天，我的学生告诉我，'谢谢你，出现在我的青春里'，我会幸福感爆棚，这就是我的初心"。

3.（Plan）谁不会吹牛？如何具体化、可操作地落地才是重点

讲完你对新岗位的理解、匹配的能力，接着讲出下一步，创新的工作方法，让领导觉得，如果把位子给了你，这几件事马上就能抓起来，见效快。

注 NOTES

谈创新，不要谈改革。谈改革容易让人感觉是在过分否定前任。

招数 1：小故事

比如竞聘学生工作岗位，我想到自己读大学的时候，那时我是团支书，最难的学生工作是什么？是发助学金！学校靠贫困生自己讲或者投票决定谁能拿助学金，这很不公平。因为很多同学虽然穷，但是自尊心

强，不希望被别人可怜，所以不去讲，或者性格内向、人际交往能力一般。应该怎么办？功夫在平时，我会在日常生活中充分了解同学，再充分向所有同学征求意见，和辅导员商量谁能拿助学金，谁不能拿助学金（不怕得罪人）；然后公开名单，如果其他同学有异议，我都可以拍胸脯解释……

招数 2：小试点

比如竞聘会员运营岗位，你的判断是（新意），由于行业获客成本越来越高，未来的竞争重点将会围绕老用户，开展存量市场精细化运营，会员特权、积分奖励等会是主要手段。（小试点）为此，你申请了市面上各大酒店、航空公司的会员卡，熟悉它们的积分兑换政策，现在已经是资深"飞客"，你对会员策略和运营机制轻车熟路，并设计了一套方案……

招数 3：小估算

领导都看重结果，结果比论证更有说服力。投其所好，你可以算账给领导们看，列出按照工作计划可以达成的结果、做与不做的差别、提高多少收益、降低多少成本、有多少投入产出比等。

比如竞聘银行生活服务平台 - 管理岗，你觉得要创新销售模式——直播带货。

售价为 29 元，成本价为 10 元，快递运费为 2 元。

退货率（行业平均值）：3%。

硬件成本：手机 / 电脑 / 灯光 / 直播间布置，预计为 1 万元。

员工成本：4000 元底薪 +GMV 1% 提成，3 个员工。

平台扣点：5%。

回款周期：14 天。

水电等杂费：每月预计为 3000 元，折合每天为 100 元。

假设每天直播带货 100 单，每月净收益 =30×100×29×［1–3%（退货）–5%（平台扣点）–1%（提成）］–4000（员工底薪）×3–10（货物成本）×100×30–2（物流成本）×100×30–3000（水电等杂费）=28170 元。有得赚，不亏，即便不赚钱，通过直播"赚吆喝"，也是银行获客新渠道。

4.（Promise）风险逆转，突破最后障碍，让评委无法拒绝你

什么是风险逆转？比如在电商平台买的手机，如果发现它有问题，那么在 7 天之内打个电话可以把它退掉；在培训机构报的"包过班"课程，如果最后没有通过考试，那么可以重新免费学习或者选择退费。人之所以很难被说服，很大程度上是因为他们害怕承担错误决策的风险。当你把全部风险或部分风险从别人那里转移给自己时，说服成功的概率就会大增。

举例

各位领导、同事可以给我 3 个月试用期，看我能否胜任。如果我不能胜任，让大家失望了，那我会给大家 3 个交代：第一，我卸任，让能者任之；第二，我卸任后，会把工作交接好；第三，我愿意把自己试用期期间的工资退回给公司，作为给公司的补偿。钱虽然不能代表什么，但这是我的一份态度和决心，希望大家给我一个机会，让我能为你们服务。

案例——大学生如何竞选班委，或者学生会、社团干事

自我介绍（见图3-3）：自我介绍也可以单独拎出来用，因为新生开学就是会不停地被要求做自我介绍。

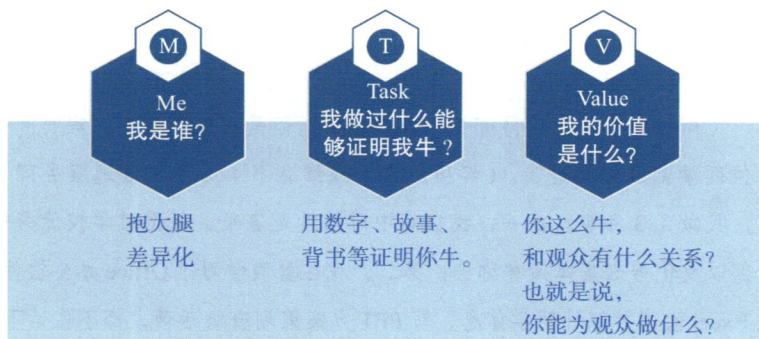

M
Me
我是谁？

T
Task
我做过什么能够证明我牛？

V
Value
我的价值是什么？

抱大腿
差异化

用数字、故事、背书等证明你牛。

你这么牛，和观众有什么关系？也就是说，你能为观众做什么？

图 3-3　自我介绍 MTV 公式

平时最常见的自我介绍就是，我叫×××，来自×××，爱好×××，以后请大家多多指教。讲完后，观众根本记不住你。这不叫自我介绍，这叫群体介绍，因为这段话换成其他同学来讲，也毫无违和感，连爱好都雷同，比如旅行、听音乐、看电影等。所以你要讲出差异化的价值，比如你喜欢看电影（M），你是影评 UP 主，你在 B 站上有10 万名粉丝（T），你可以给同学们推荐、深度解读电影（V），讲到这里，观众才能记住你。

再比如你喜欢跑步（M），跑过 3 次马拉松，最好成绩是 3 小时 35分 12 秒（T），你可以帮助老师、同学们定制科学、系统的训练计划，陪他们跑马拉松（V）。

或者用标签帮你说话，比如"宝藏男孩"，你可以给大家免费提供英语四六级学习资源、计算机二级学习资源、保研考研资源等，谁不喜欢对自己有用的人呢？

胜任证据：我能为大家做什么？（与班委/学生会/社团相关的能力）。

比如：

"（岗位理解）我觉得班长不是管理者，而是班级服务者，班长能让每位同学都成长和进步。（经历数字+成绩背书）为了更好地服务同学们，我做了3件事。第一，我在高中时期就是班长，获得过学校优秀班干部以及优秀班集体荣誉称号；第二，我在暑假学习了Office办公软件，做Excel表高效统计同学信息、写PPT方案策划班级活动，都不在话下；第三，我是社群志愿者，运营了20多个社区微信群，这些实战经验可以迁移到班级微信群管理，比如发通知，我可以单独设个通知群，方便大家查找，再设个交流群，方便大家平时交流等。"

再比如：

"（岗位理解）我认为宣传委员、宣传工作的本质是传播影响，是内容为王，需要设计、写作和宣传能力。（经历数字+成绩背书）第一，设计，我自学过视频编辑软件和作图软件，参与学校活动时，我可以出海报、采集素材制作短视频等；第二，写作，高中时我负责过校运动会等各类大小活动的稿件采写；第三，宣传，活动办得好和活动宣传得好，同样重要，再好的活动，如果宣传得不好，也会没人参加或者没人知道。我在快手上注册了一个小号，剪辑并上传了校篮球赛视频，有5000多次的观看量和200多个点赞。（小试点）后续我可以多账号多平

台联动，讲好咱们的青春故事和校园故事。"

工作计划：我会把班级带成什么样？

"如果我被选为班长，我会做 3 件大事。第一，组建高效务实的班委团队，一个事必躬亲的班长，看似负责，其实是在和班委'抢饭碗'；第二，配合辅导员和任课老师，搞好学习，绝不挂科；第三，关注学院、学校甚至全国大学生活动，以赛促学、促成长。"

承诺拉票：风险逆转。

"老师和同学们可以给我 3 个月考察期，看我能否兑现竞选承诺，如果到期时我没做好，是我浪费了所有人的时间和期待，我必须给老师和同学们 3 点交代：第一，立刻辞职，让有能力的同学任职；第二，辞职后交接好后续工作；第三，我自愿拿出 1000 元自己的生活费给咱班当班费，用于聚餐、集体活动。钱代表不了什么，但这是我的态度和决心，感谢大家的对我的信任，投我！投我！投我！"

果子（传播力与影响力）——把功夫下在"平时"，而不是"评时"

竞聘和竞选演讲的准备不是临时抱佛脚，而是平时就要提高自己的"职场能见度"，让单位里有更多的人认识你、熟悉你。

树根（能量）——斯多葛控制二分法：外部目标→内部目标

斯多葛学派是古希腊的四大哲学学派之一，控制二分法是斯多葛学派的一个哲学观点，即有些事情是你能够控制的，有些事情是你不能控制的，而你应该只关注你能控制的事情。这时，你的个人目标就应该从"外部目标"转换为"内部目标"。那么，什么是"外部目标"和"内部目标"呢？

神，

请赐给我宁静，去接受我无法改变的事情；（外部目标）

请赐给我勇气，去改变我能够改变的事情；（内部目标）

请赐给我智慧，去分辨两者的不同。

竞聘的外部目标就是"竞聘成功"，如果总想着评委能不能投票给你，等于把所有希望都寄托在自己不能控制的部分，除了焦虑，你什么也做不了。因此，不如换成内部目标试试，比如展现自己，即使失败，也要让在场的所有人看到你、认可你。你不能控制评委投票给你，但是你能控制自己平时努力工作、竞选时积极表现，把现在能做的做好，你就舒服多了，因为成长比成功更重要。

当你能区分外部目标和内部目标时，对于以下问题你就释然了。

觉得自己竞争不过别人，脸皮薄，不好意思竞聘，要不要去竞聘？

听说已经有内定人选了，即使参加竞聘，也是当分母，要不要去

竞聘？

……

德不到，就得不到。

就好像一张桌子，它只能承受 100 千克的重物，你非要在它上面放 200 千克的重物，这时桌子就会开始变形，甚至垮掉。桌子就是你的德行 / 智慧 / 能力，收入 / 职位就是重物。竞聘是为了提高自己的收入 / 职位，这没错，但更重要的是，你能通过竞聘为部门 / 公司 / 行业 / 社会更好地贡献你的才华，这样你才能承受得起或者承载更多的责任，获得更高的职位和收入。

第四章

手把手教你工作汇报演讲，
赢得老板认可和升职加薪

大多数职场人都低估了工作汇报的价值，很多人都可能会有下面这样的困惑：

不知道为什么，自己总摸不清工作重点，每次汇报工作都被领导打断；

不知道如何开口找老板要资源（要人／要预算／要涨薪等）。

老规矩，我们先用大树法则来分析一下。

树干（主题）——老板眼中你的表现 = 工作成果 × 汇报技巧

如果你死干活、不汇报，那么老板就会觉得你不可控，不信任你。就像外卖 App 让用户实时掌握动态（商家已接单、骑手正在送货等）一样，汇报工作同样能让老板有掌控感、让老板高效决策。所以汇报工作也是工作的一部分，你要主动出击，做 4P（具体解释见下一节）汇报，不要等老板问你时你才说。

树枝（逻辑）——汇报工作的四个要点

汇报工作的逻辑要点也可以总结为4个"P"，具体如下（见图4-1）。

计划（Plan），负责人/执行动作/截止时间/优先级。

进度（Progress），整体情况/关键节点/数字亮点。

问题（Problem），没解决，要资源；解决了，要"炫耀"。

结果（Performance），提炼可复制的方法论。

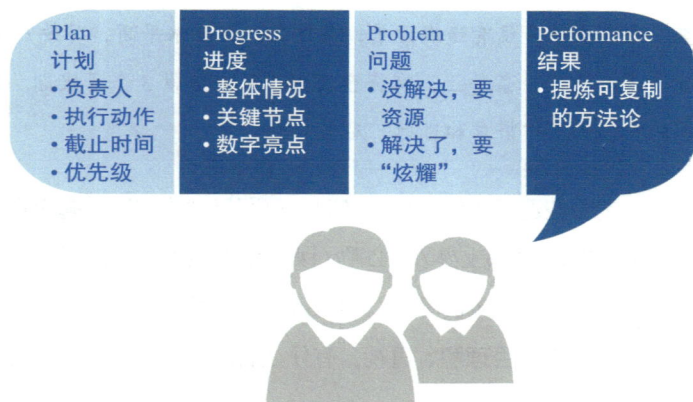

图4-1 工作汇报时要讲好这4个"P"

树叶（故事）——工作汇报时应该重点讲哪些内容

1.（Plan）计划，负责人/执行动作/截止时间/优先级

"我们会尽快找出几家优质的货代。"

"我们"是谁?（不明确就是没有人做）

"尽快"是多快?

"几家"是多少家?是 3 家还是 5 家?

"优质"的标准是什么?

改进后的方案如下。

"我们的计划是，安排物流部门的张三，在 5 个工作日内，找到满足以下 3 个条件的货代。条件一，信誉良好，5 年以上经营时间，通过天眼查、企查查核验没有违规记录；条件二，专业水平高，时效 / 价格 / 安全优于现有货代；条件三，有资金实力，可以提供 3 个月账期。您看我理解的咱们的工作需求和目标，对吗?"

所以，老板在群里布置工作任务时，仅回复"收到"是毫无意义的（类似的还有"好的 / 马上办 / 放心吧 / 保证完成 / 我知道了"等），因为很多指令，很不具体（无负责人 / 无截止时间），很模糊（无执行动作），老板也不知道我们是否理解、重视，有什么看法，打算怎么做、要做成什么效果。

举例

1. 竞品调研

好的，老板，我（负责人）马上去落实，在此之前，我先确认一下，您要大致调查竞争对手情况，有 3 个要点：客户渠道、价格体系、功能性能优劣，您看对吗?后续我会把这些情

况和我们公司的产品比对，做成PPT形式的分析报告（执行动作），周五前（截止时间）发到您的邮箱里，您觉得这样可以吗？您还有其他要求吗？

2. 接待客户

领导，这次接待以色列客户，主要是为了洽谈独家合作订单量以及ODM产品开发，对吗？我（负责人）计划在下周三前（截止时间）完成以下3件事情：第一，对接参观展厅/办公大楼/工厂，让客户看到我们的实力；第二，预约董事长刘总陪同参观/谈判，让客户感受到我们的诚意；第三，准备样品、产品路线图和报价单，让客户现场签合同、PI（执行动作）。您看这样行吗？

很多员工埋怨老板总是变来变去，一会儿这样，一会儿那样，外部原因是市场就是变来变去的，不会不变；内部原因是领导定的目标和下属定的计划没有"对齐"（下属看局部，领导看全局），也就是下属看不懂领导为什么布置这个任务。比如，领导要举办一个老客户答谢会，实际上，领导还是想通过老客户挖掘新客户、影响新客户，下属不确认、不知道，按照自己的想法就去干了，使劲邀请老客户，很少邀约新客户，辛苦地忙碌了很久，最后却很可能被领导批评。如果你不确定领导的目标，那么你可以多问领导一句："领导，咱们为什么要做这件事？您能指点一下吗？您期待什么结果？"

老板分配的任务很多、很杂，什么事情排第一位是根据老板的优先级而不是你所认为的优先级来定的，所以最好找老板确认，保证自己的

理解没有偏离他的预期，不会因为做"另一件事"导致了"这一件事"没完成。比如，"老板，请您帮忙看下，这是我这周的工作任务清单，哪三项任务最重要？"

2.（Progress）进度，整体情况／关键节点／数字亮点

（1）整体情况

领导："项目进展得怎么样了？"

下属："我去问问……"

下属："（一天后）哦，项目被延期了。"

领导："项目为什么被延期了？"

下属："我再去问问……"

下属："（一周后）因为……所以项目都被延期了。"

领导："那还有什么别的方案吗？"

下属："我再去问问……（没下文了）"

领导："……"

所谓执行力强，就是不用催，能够立刻去做领导交代的任务，并且按时完成任务，对于重要的任务，24 小时内至少有 1 次反馈。没有进度也是进度（比如出现了什么问题），也要汇报。

进度汇报＝当前进度 %（证据）＋接下来要完成什么＋

预期何时能完成（如果进度比计划慢，还要加上原因／办法）

举例

正在做。

VS

××课程研发工作已经完成了80%，剩余还差即兴演讲模块，预计在本周内完成，进度正常（附工作量证据，比如截图）。

没完成。

VS

订单已经完成了30%，还在等OEM镜片物料，比预期延期2周交货，物料到不了就无法开始装配和调试。我们的库里还有50个OEM镜片，可以先安排人工组装，交付一批给客户，不耽误销售，剩下的订单等批量生产完成后再发货，您看行吗？

汇报完交期紧、难度大、创新多的工作进度，老板经常会说"辛苦了"。不要不回复，因为和老板对话，最后一句话，不能留给老板去说；不要回复"不辛苦"，这样会显得你工作量不饱和；也不要回复"应该的"，这样会抹杀了你所有的功劳苦劳；更不要回复"老板更辛苦"，这样会有浓浓的吹捧味道。稳妥的回复方式如下。

你的回复＝夸领导＋夸自己（摆数据）＋表忠心

举例

1. 谢谢老板给我机会锻炼（夸领导），我也很有收获，超

额完成了 800 万元的业绩（夸自己），这点辛苦跟收获比起来不算什么，我会继续努力（表忠心）。

2. 新东方旗下直播间"东方甄选"突然爆红，俞敏洪给主播董宇辉发微信："辛苦了。"董宇辉教科书级别的回复，具体如下。

"俞老师，感谢您的关心，能干是福气，昨晚直播间在线人数为 10.8 万人，卖出去好几万本书，作为一名新东方的员工，传递知识，倡导阅读，让大家对新东方印象深刻，是我的荣幸。

"您为新东方殚精竭虑这么多年，尤其去年以来，我作为一线员工，看在眼里，感动在心，我会把工作、休息都调整好，在身体健康的前提下，尽可能多奋斗。"

夸自己：10.8 万人在线，卖出好几万本书。（摆数据）

夸领导：您为新东方殚精竭虑，我看在眼里，感动在心。

表忠心：我不骄傲，我很荣幸，我继续奋斗。

（2）关键节点

在工作汇报时，不要汇报流水账，要汇报关键节点。

比如出版一本书的关键节点包括：选题申报、撰稿、审稿、校排、印刷、发行。

再比如合作项目的关键节点包括：准备方案、签订合同、收到款项。

我们可以将过程中一些重要的小发现、阶段性的小胜利，实时呈现给领导，让他看到我们的工作能力、成长潜力，同时也避免了在错误的道路上越走越远。

（3）数字亮点

老板只关心结果，你应该一开口就说重点（和结果相关的数字）。

不仅要有数字，还要解释数字背后反映的成绩 / 问题 / 建议。

像"还行""大大缩短""显著提升"……这些都是数字的反义词，不宜使用。

第一，数字背后反映的成绩。

办了几场引流讲座，有很多人参加。做了裂变，效果不错。

VS

这个月的工作围绕"用户增长"展开，这也是今年公司的工作重点，可以总结为3个数字：举办3场引流讲座、新增2万名用户、成交282名线下学员，转化率同比增长35%……根据上期课后调查，更换裂变礼品"福运虎"定制书签，成本低，效果好，相比上期，裂变率提高了28%。

第二，数字背后反映的问题。

员工流失率高。

VS

员工流失率为19%。

VS

员工流失率为19%，很高，员工流失率的正常范围是10% ~ 15%。最近竞争对手大规模招聘，对方的基本工资高，培训机会多，对我们的高级技术人才很有吸引力。

第三，数字背后反映的建议。

大部分订单来源于线上。

VS

90% 的订单来源于线上。

VS

90% 的订单来源于干洗店小程序，后续不考虑多开分店，而是考虑新增单店设备，扩大上门取件范围，同时通过促销、优惠吸引用户办电子会员卡、充值，让单店产能和订单同步增长，成本风险可控，收入利润更好。

数字不仅要体现工作量，还要体现工作能力。

（工作量）发布了 10000 条招聘信息，筛选了 1000 份求职简历，面试了 100 人，录用了 10 人。

VS

（工作能力）一年后留存率为 80%，比同行高 10%；绩效评分也高于公司均值。

NOTES 注

HR 的工作能力不在于筛选多少份简历、面试多少人，而在于引进留存多少优秀人才。

（工作量）在亚太区总共发布 23 款新产品。

VS

（工作能力）在亚太区总共发布 23 款新产品，其中 ×× 产品荣获业界重磅的"全球电子成就奖"。

3.（Problem）问题，没解决，要资源；解决了，要"炫耀"

（1）问题没搞定

什么是问题？目标与现实之间的差异就是问题（见图 4-2），超出你能力范围的事情就是问题。切记：第一，不要期望最后给老板一个"惊喜"，大部分惊喜都是以"惊吓"收场的；第二，不要硬抗，工作中遇到困难是必然的，不然要老板做什么呢？但是我们要带着 2 ~ 3 套方案而不是带着问题去找老板。具体的沟通公式如下：

问题原因＋解决方案（选项）＋利弊分析

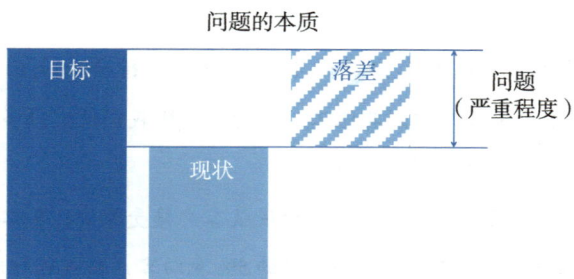

图 4-2　问题的本质是目标与现状的差距

举例

问题原因：疫情导致线下课程取消。

解决方案选项：第一，安抚学员，延期举办；第二，用直播把线下课程搬到线上；第三，线上线下结合办课。

利弊分析如下。

方案1

利：无额外成本。弊：需要安抚学员情绪，有退费风险。

方案2

利：线上课不受时间和地点的限制，学习方便，成本低。弊：学习氛围和效果不如线下。

方案3

利：推出配套线上前导课预习（增值服务），等疫情结束，再参加线下系统学习。弊：额外增加线上部分服务和成本。

老板，您的建议是什么呢?

问题原因：老客户迟迟不愿下单，坚持要求我们降价10%，理由是经常收到其他工厂报价，都比我们便宜很多。降价10%超出了我的定价权限。

解决方案选项：第一，继续说服客户接受原价；第二，申请10%折扣；第三，申请销售额的5%资助客户在当地打广告、做宣传，完成年度销售额再返利5%，折扣合计10%。

利弊分析如下。

方案1

利：利润、收入不受影响。弊：如果拖得久了，客户有可能会被同行挖走。

方案2

利：快速签单。弊：利润、收入降低。

方案3

利：把部分降价成本变成品牌投资，增加销量→成本降低（规模效应）→价格降低→市场份额越来越大→销量增加，良性循环。弊：需要说服客户接受此方案，也增加了市场费用。

老板，您觉得哪种方案比较好呢？

问题原因：需求变更造成项目延期。

解决方案选项和利弊分析见表4-1，您看我们选择哪个方案比较好？

表4-1　各解决方案的利弊分析

	方案	利	弊
1	现有人员加班完成	成本可控	软件有质量风险员工有抱怨情绪
2	现有人员更改进度	质量有保证员工不抱怨	开发时间增加成本相应提高
3	外部招聘	保证质量和进度	成本增加时间短、招聘难度大
4	内部抽调	成本可控保证质量和进度	别的项目会受影响

"您觉得呢""您看这样办行吗"等征求意见的话很重要，哪怕你知道答案，也不能替老板决定。

为什么三国谋士们总爱说"吾有三策"呢？（往往是上、中、下三策，分别对应的是"激进""中庸""保守"）。一是展现自己思虑深远；二是把各种选择的利弊都告诉老板，否则就是不称职。

（2）问题搞定了

这时要用困难+打法+成绩的方式，让老板看到你解决问题的能力。

▰ 举例

成功签约行业排名前十的客户。

（困难）刚开始接触该客户时，大家都认为这是我们的竞争对手，认为他和我们联系，可能是为了套取我们的产品信息和报价，很不看好我们与该客户合作的前景。

（打法）但是我从频繁的沟通中了解到，此客户已在3年前就逐渐转型，从制造商转型为系统解决方案供应商，逐步放弃硬件，转为战略性的投入软件和服务，就此，我看到了机会，选择为他们提供硬件，以及提供SDK集成他们的软件。

（成绩）最终，客户对我高效率的支持配合感到十分满意，我们达成合作，仅半年时间，此客户成为我们部门出货量第3的客户。

4.（Performance）结果，提炼可复制的方法论

老板看全局的整体利益，员工往往只看自己或者自己部门的利益，所以如果员工在汇报结果时邀功、抱怨、推卸责任等，老板就会很反感，最好的做法是将自己在工作中的经验、教训总结提炼，升华出一套可复制的方法论，同时配以相应的表格/话术/模板/清单等加以固化（见图 4-3）。

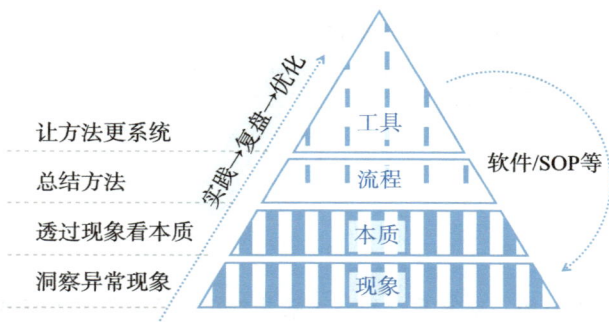

图 4-3 提炼可复制的方法论

比如，你研究出了一个项目推进表，同事在经过测试后评价说"确实好用"，此表最后变成部门例行沟通的报表，被运用到自己部门甚至别的部门未来的工作中，变成整个公司的资产（工作价值 2）。这样，老板不仅会认可你的功劳，甚至还会把你的工作成果发到工作群，让更多人认可你的功劳。

从本质上来说，一个职场人的工作价值可以归纳为以下几类。

工作价值 1：收入和成本（效率）。

你的工作为公司提高了多少收益，或者降低了多少成本。

工作价值 2：流程和模式（复制）。

你的工作为公司构建了一个怎样的流程或标准，可以让全公司所有人都从中受益。

工作价值 3：团队和文化（影响）。

你的工作为公司打造了一个场域，激发伙伴们创造高绩效。

5. 工作汇报注意事项

（1）一句话概括这次工作汇报的目的

用一句话概括这次工作汇报的目的，来作为口头汇报的第一句话，或者书面汇报的标题。比如全员营销激励方案定稿、××项目资源申请。

注 NOTES

没有目的，就容易迷失。本来是想让公司给你更多资源、支持你，但你却在工作汇报时大谈特谈自己多么牛、成绩多么好。领导觉得你这么牛，那么你一定能搞定这些困难，没必要多花资源。所以，你可以谈自己牛、有成绩，但不能大谈特谈，要大谈特谈的是你在工作时遇到的困难和挑战，让公司给你追加资源，以获取更多成绩。

（2）工作汇报频率要高，但是时间要短

很多人汇报工作时，把自己做过的所有工作都一件不落地汇报一遍，就连接个电话、开个例会都要算上，好像不算就吃亏了，这是一个

误区。工作汇报不是汇报所有工作，而是汇报重点、亮点工作。

重点就是老板重视的工作和关注的指标。

在汇报前，你应该回忆下老板最近总提起的事情，那就是他释放的"重要"信号。

亮点就是超出老板的预判和对你的预期。

超预判，就是最好讲老板不知道的事情，不要讲他都知道了的事情，否则他会不耐烦。还有老板不知道的事情吗？当然有，老板不知道一线、一手信息，比如作为市场部职员的你，总被其他部门的同事打断工作，他们一会儿向你要个 logo 源文件、一会儿向你要个公司介绍 PPT、一会儿向你要个微信端长图……他们要得急，可你手上又有其他工作，你要么自己的工作被打断，要么耽误其他部门的工作，这可怎么办？于是，你在云上建了个市场部资料库，分门别类整理好资料，方便其他部门的同事搜索，提升了所有人的工作效率。这么生动鲜活的一线、一手故事，领导听完了，一定会被你打动。

超预期，举个例子，比如给老板买完机票汇报工作。

普通：机票买好了。

超预期：机票买好了，同时安排好了送机、接机的出租车和入住酒店。

超预期 +1：机票买好了，同时安排好了送机、接机的出租车和入住酒店。打印好了商业会议演讲稿以及与美国客户的谈判方案，方便您在出租车和飞机上审阅。

超预判和超预期，也就是跳出工作本身，向上去理解，向下去落地，甚至思考"上上游"，因为你的老板一定每天都在思考他的老板在想什么。

注

好消息要一个一个汇报，坏消息要一次性汇报（参考损失厌恶理论）。

（3）不要轻易越级汇报工作（除非获得直属领导的许可）

不要轻易越级汇报工作。先不说汇报内容、汇报动机是否正确，高层领导在听到下属"越级汇报"时的第一反应是："你是一个'危险人物'，你如此忽略或者如此不满你的直属老板，如果哪天我成了你的直属老板，你是不是也会这样对我？夺我的权？或者说我的坏话？"所以，绝大多数高层老板都不喜欢听下属的"越级汇报"，他们在听到下属的"越级汇报"时，要么把内容退回到原级处理，要么置之不理。不管他们选择哪种，你都会同时失去直属和高层老板的信任。

千万不要想着，如果你的领导不行，你行，这样你就能取而代之。因为从更高层看来，是整个团队不行，哪怕把你的领导解雇了，也不会从他的下属中提拔人选，要么会从别的"行"的部门调副手，要么外招空降。所以，你只有支持直属老板成功，你自己才能成功，等你的老板被提拔了，你就会有机会接任。

果子（传播力与影响力）——打造职场影响力，左右"事"和搞定"人"

是不是没有领导加持，你就无法推动工作？或者同事就不配合你？特别是跨部门协作时，有很多"三不管"地带，没有正规流程覆盖，需要你靠"影响力"来完成任务，可是你又不比别人职位高，又不给别人评绩效、发工资，别人凭什么听你的，凭什么帮你做事情？

1. 会填坑 + 打胜仗

职场就是一个坑接一个坑，坑坑不息（见图 4-4）。所谓填坑，其实就是解决问题，特别是解决棘手的问题，比如遇到月底冲业绩，如果你能填补部门业绩的缺口、在关键时刻能顶得上，那么你就不可替代，或者说短期内不可替代。

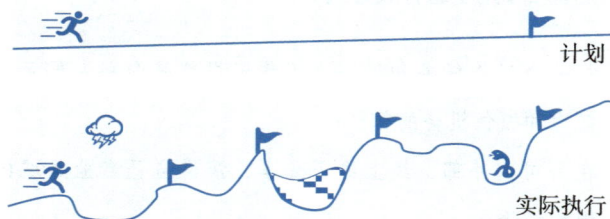

图 4-4　计划和实际执行的差别

另外，别人为什么要听你的？是因为你能证明自己是对的，一场一场的胜仗就是最好的证明。

2. 不抢功 + 不推卸责任

成功了，不抢功，还把功劳拿出来给大家分，心里始终装着大家的利益，最愿意分战利品的人，最能打胜仗。刘邦问："我能赢得天下，是因为什么呢？项羽失去天下，又是因为什么呢？"群臣答："您派人攻城略地，把城池分给攻下它的人们，共同享受利益，这是您赢得天下的原因；而项羽打了胜仗不给人家封赏，夺了土地不给人家好处，这就是他失去天下的原因。"

失败了，不推卸责任，还站出来把责任揽到自己身上——哪怕是别人的责任，因为成功的团队没有失败的个人，失败的团队也没有成功的个人，谁对谁错，没有意义，总结教训、再战成功，才是关键。

如果跟着你，成功了有好处，失败了无风险，那为什么不听你的安排、跟着你工作呢？

3. 多曝光 + 往外扩（见图 4-5）

以下是增加曝光度的有效方式。

- 每一个工作任务和每一次工作汇报都是向别人展示自己能力和抓住机会的舞台；
- 在公司内外部、线上线下分享、演讲自己专业领域的知识和经验；
- 经常给领导分享一些有价值的文章、书籍、行业报告、资讯等，从 C+ 行业视角看待公司面临的挑战和机遇。

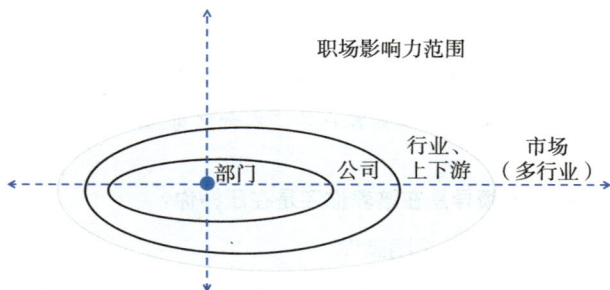

图 4-5　职场影响力范围

成功，不在于你能做多少事，而在于你能带动多少人做多少事，从个人贡献者变成团队贡献者。也就是运用自己的个人影响力，而非职位权力，让同事、上司、客户都愿意听你的，这样你就从"隐形人"变成了"隐形领袖"，可以影响他人，改变世界。

树根（能量）——你在职场上最大的资源其实就是你的老板

很多人工作很多年，还是见到老板就躲掉，没见到老板就抱怨。老板拥有比我们更丰富的经历、社会资源，与老板交流、沟通，我们会获得支持、取得理解、解决问题、达成目标。也有很多年轻人觉得这样做是巴结，认为这样会不好意思或者伤自尊，其实换个思路，我们不要把公司的领导当成领导，我们把公司的领导当成客户，甚至是最重要的客户，这样就对了。

想想你是怎么对待客户的?

- 客户就是上帝，说什么都是对的。
- 主动、高频与客户沟通需求，提供可落地的解决方案。
- 非常尊重客户，毕竟客户是"衣食父母"。

如何判断一个领导是在培养你还是在压榨你？

第一，"炫耀"你还是隐藏你。

领导愿不愿在大领导、其他部门同事面前介绍你、夸你，给你机会露脸、干"大"事。

第二，保护你还是牺牲你。

一个人难免会犯错或者失败，如果领导在犯错时把责任往你的身上推，让你承担责任，宁可把你牺牲掉也不愿意为你得罪人，那是在压榨你；如果领导把责任往自己身上揽，保护你，为你争取利益或者息事宁人，那是在培养你。如果你遇到这样的领导，那么你一定要好好珍惜。

领导更愿意提拔什么样的员工？

雍正皇帝提拔重用人才的方式只有三个字——"能、忠、公"，这样恰好就是 ABC 三个视角。

"能"就是站在员工视角 A 为自己考虑，如果有能力，就拿结果说话、吃饭。

"忠"就是站在领导视角 B 为老板考虑，把自己的状态、动态主动汇报给领导，他知道你的信息越多，就越会信任你。所以叫"表"忠心，如果只"表"结果，领导会担心自己被架空了。更要命的是，往往越是有能力的员工，就越瞧不上老板。如果老板不信任你，就不会给你机会，就算你有能力也发挥不出来，还是等于没有能力。

"公"就是站在公司视角 C 为大局考虑，如果没有"公心"，就没有大智慧，只有小心机（见图 4-6）。

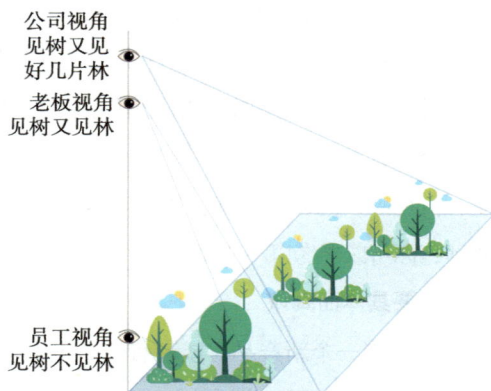

公司视角
见树又见
好几片林

老板视角
见树又见林

员工视角
见树不见林

图 4-6　员工、老板、公司的 ABC 不同视角

工作汇报的特殊场景

1. 在电梯遇到领导，怎么说才能把握机会

如果在电梯里遇到领导，大多数人肯定都会感到紧张、尴尬，但是你应该知道，老板也是人，在你尴尬的同时，老板也尴尬，也在想该怎么开口。此时如何破局，我们分情况来讨论。

第一种情况：假装不认识，不打招呼。你应该知道，老板只有记住你，才能选择你！

第二种情况：真的不认识，不打招呼。电梯相遇，是一个很自然地

接触领导、让领导记住自己的机会，但把握这种机会的功夫，却在电梯之外。若想更进一步表现，就必须做好事前的功课——首先是认人，尤其是公司里的关键人物，见到脸就得对应回忆起名字、部门和职务，准确率必须为 100%。演讲大师卡耐基就说过："对任何人而言，别人对自己名字的称呼都是这个世界上最悦耳的声音。"用心记住同事、客户、同学的名字，你就会很有贵人缘。

第三种情况：打招呼，向领导问好。这时对方也会报以回应。接下来的 30 秒 ~ 60 秒，你可以参考以下 3 个动作。

（1）赞美，一定要具体而真诚

比如，近期公司发布一个新产品，或者有一个重大项目或者活动，正好领导是主要负责人，那你可以告诉他，自己使用了这款产品或者参与了这个项目，感觉很不错之类的话。

再比如，"上次您开会时提到的二八法则，就是 20% 的业绩来自于 80% 的客户，对我特别有启发。后来我就听话照做，把客户分类，把 80% 的精力、时间、资源放在这 20% 的重点客户身上，对他们特别好，最后他们会重复购买我们公司的产品，还会把我介绍给他们身边的人，让我超额完成销售任务（具体的应用）。"相信我，当你说到这一点的时候，领导的眼睛绝对会放光！再大的领导也希望下属能记得他说过的话，也希望看到自己创造的价值、带来的改变。

（2）请教

赞美 + 请教。比如："李总，您的业务能力好厉害，我有一个一直突破不了的大客户，这次展会有个邀约拜访的机会。这个客户喜欢打高尔夫球，我是不是应该买几张高尔夫球场票，邀约对方一起打球、一起

谈合作，您觉得这样做合适吗？还有没有其他更好的方法呢？您可以教我一下吗？"

先表达赞赏和羡慕对方的成就的心情，然后再提出你的问题，带着方案去请教，不要做不劳而获的人，这样也可以让对方更有针对性地给你提建议。最后还要向领导反馈结果，感谢领导的帮助。领导会觉得你是在他的指点和教导下取得工作上的成就的（的确也是如此）。这样，领导更容易赏识你，也更愿意培养你。

比如："李总您好，上次您指导我的×××（方法），让我成功拿下了客户！我不仅得到了领导表扬，还被领导推选为'最佳实践'案例并在公司内刊发表。如果不是您的指导，我可能到现在还没找到头绪呢。特别感谢您！"

（3）聊领导关心的事

"您吃饭了吗？今天的天气真好哇！……"这种话题好冷，让人好尴尬。领导不关心这些话题，那领导关心什么呢？答案是：结果或问题。注意，先说结论，再说过程、原因、方法。

比如结果，"最近我们数字化运营工作进展得很顺利，直播用户漏斗转化率提高了3%，A/B测试优化活动，筛选出了最优促销方案……"（要让领导知道你完成了工作，还完成得很出色）。可以再说一下你对工作的创新想法，比如开展一次培训，提升公司数字化运营能力。培训主角、老师是你，给自己造势、造场，创造舞台。

再比如问题，"（会计部小张）咱们的车间易耗品成本一直居高不下，我想找相关负责人一起讨论和执行新的消耗标准、领用流程和管控方案，对照财务报表数据指标判断改进是否有效，您觉得可行吗？"

你和老板的每一次"偶遇"都可以演变成一个非正式的工作汇报。同理，在食堂、茶水间遇到老板时，你知道该怎么办了吗？

2. 被评为优秀员工，被老板邀请上台发表获奖感言，该怎么说

获奖感言 = 我是谁 + 归功（公司 / 老板 / 同事 / 下属）+
再接再厉 + 感谢 / 祝福 / 鞠躬

你是作为团队的带头人或者代表去领奖，老板是希望通过你带动整个公司奋发向上的氛围（上帝视角 C），聪明的你也不会把团队的功劳全部据为己有。比如袁隆平获得国家最高科学技术奖，在发表获奖感言时说："这个奖是奖给全国农业战线的科研工作者的，我个人在杂交水稻的前沿工作中起了一点带头作用，但杂交水稻是大家干出来的，单枪匹马不可能干出来。"

我是谁

尊敬的各位领导、各位同事，大家好，我是 ×× 部门的 ×××，在这里能获得这样的荣誉，我特别高兴，也特别荣幸。

注 NOTES

可以加一句自嘲，避免同事们羡慕嫉妒恨，比如，"我真的是责任越大，头发越少啊"。

归功（公司／老板／同事／下属）

我之所以获得这个奖项，是整个团队共同努力、通力协作的结果。感恩公司，为我们提供平台，让英雄有用武之地，发挥专长，实现价值；感恩领导，以前我不会做方案，是您手把手教我，现在大家都夸我方案做得好，是您这个师傅教得好啊；感恩同事，你们总是鼓励我、夸我、支持我，让我信心爆棚，好像干什么难活、累活时，都感觉没那么难、那么累了。和你们在一起工作，真的是太幸运、太幸福了。

再接再厉

对我来说，获奖既是做得好的肯定，也是要做得更好的鞭策。接下来我会加倍努力，用行动和结果，回报大家的厚爱。

感谢／祝福／鞠躬

只要简单的一句"谢谢大家"就可以了。

3. 会议上突然被老板点名发言、回答问题，该如何说

会议上突然被老板点名发言、回答问题时，千万不要说"没什么说的"，这样你也就没什么前途了。仔细想想，为什么老板会突然点你的名字、让你讲话呢？

无非有 3 个原因。

第一，有意提醒，老板觉得你没有认真听他讲话。

第二，听取意见，老板重视你，想听听你的思路和看法。

第三，达成共识，老板希望借你的嘴，说他想说又不方便说的话。

这时，发言的重点如下。

发言内容 = 感谢点名 + 引用要点 + 关联认同 + 执行行动

感谢点名

感谢老板给你发言机会，参加会议让你收获很大。

引用要点

引用刚才老板讲话的要点（关键词／金句／异议／案例等），表示自己认真听了老板的讲话。所以，开会时，应该带本子和脑子，别闲下来，要经常问自己："如果我是老板，我会怎么做？"再比较你的想法和老板的想法，看看究竟差在哪里。搞定老板、成为老板，就从同步他的大脑开始。

关联认同

表态认同，讲出刚才老板讲话的要点好在什么地方，将要点与你的工作关联起来。

执行行动

你接下来会用什么样的行动来支持老板提出的要点。如果只表态，不行动，那就真的是溜须拍马了。

举例

（感谢点名）谢谢老板。（引用要点）刚才听您讲的，提升人效的关键是流程化，我非常赞同。（关联认同）销售漏斗流程就帮助我们更高效地分配客户资源，以前我们只看业绩，可能会把一些有潜力的新人埋没掉，比如老员工手里有 10 个客户，转化了 2 个，做了 20 万元的业绩；新员工手里有 2 个客户、

转化了 1 个，做了 10 万元的业绩，虽然老员工业绩高，但是新员工转化率高，（执行行动）现在我们就会给转化率高的新人匹配更多销售线索。下一步我们要深度践行流程型销售组织，赋能普通销售人员，使其成长为销售精英，提高人效。

4.如何开口跟老板谈升职 / 涨薪

演讲者视角 A（员工）如下。

理由 1：辛苦，天天加班。

去早餐店买包子时，你会因为早餐店老板凌晨 3 点起来很辛苦地包包子而多给钱吗？不会，你只在乎这个包子好不好吃。同理，你加班加到凌晨，很辛苦，领导会给你升职加薪吗？不会，他只在乎你有没有给公司带来价值。

理由 2：卖惨，交不起房租 / 房贷 / 车贷。

"（老板）跟我有什么关系？为什么不找你的家人？你怎么不关心公司资金链会不会断呢？我也很惨啊。"

理由 3：比较，"新人的工资比我的工资还高。"

"（老板）如果我给你涨了工资，那么其他情况类似的同事怎么办？"

理由 4：威胁，不给升职 / 涨薪就辞职。

"（老板）你在威胁我吗？爱干就干，不爱干就走！"

观众视角 B（老板）： 创造价值高不高 / 可替代性强不强。

上帝视角 C（公司）： 赚取利润，即劳动创造的价值和劳动报酬之间的差额。

切换 ABC 视角看，老板不是反感员工谈钱，而是反感员工在工作做得不怎么样的情况下，却吵着要涨工资。要钱的问题，得用钱解决，得让老板觉得你是个人才，你给公司创造的价值远远大于公司付给你的工资成本，很难在市场上找到和你同样水平的人才，就算找到了，还要花费招聘成本、培训成本、适应时间、风险成本等，算账后，老板发现给你涨薪很值。

因此，跟老板谈升职加薪，应该遵循以下 4 个步骤（见图 4-7）。

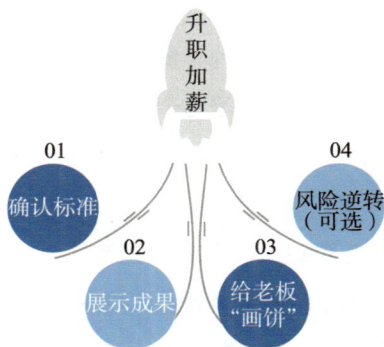

图 4-7 向老板提升职加薪的 4 个步骤

（1）确认标准

不要直接去向老板提升职加薪，而是应该问老板如何才能获得升职加薪的资格，这是有上进心的表现。因为大多数老板的心态都是"我可以给，但你不能要"，皇帝赏赐，那是恩泽；大臣索要，那是犯上。

"老板，您看我之前的表现是否能达到升职、加薪的要求？如果暂

时没有达到要求，我还需要在哪些方面进行改变或者提升？"

"老板，我想问一下，咱们员工大概要达到什么样的条件才可以升职、加薪呢？我想给自己定一个标准，朝着目标努力。"

有了标准，不管成功与否，都不伤感情。

（2）展示成果

用数据、事实，展示你为公司创造的高价值工作，也就是别人搞不定，你能搞定的工作（技术/资源/认知）。注意，不是日常工作，因为高价值工作替代成本高，值钱。比如淘宝流传一句话，"有困难，找多隆"。十多位工程师连续 24 小时都没搞定的问题，多隆很快就搞定了。他在淘宝一线写代码，最后把自己写成了阿里合伙人，身价几十亿元。

（3）给老板"画饼"

很多人在谈升职加薪的时候，把重点都放在了过往做出的一些成绩上，可是现在老板要花更多钱、资源投资你，老板想知道的是，你未来是否能够给他带来更多的回报。所以，你还要讲接下来你会干什么、怎么干，对公司有哪些好处，比如发展公司的新业务，开拓新市场，挑战新目标。

（4）风险逆转（可选）

比如，"如果我下半年 KPI 没达标，那么老板明年把我薪水降回来（或者降职）"。

5. 与领导意见不一致时，该如何沟通

所谓"忠言顺耳"，最成功的做法就是你提了不同意见，领导还没

觉得被冒犯到。其基本逻辑是**三段论模型：大前提→小前提→结论。**

经典三段论如下。

大前提：所有人都会死。

小前提：苏格拉底是人。

结论：苏格拉底会死。

大前提：我发现我们的书籍在亚马逊的关联购买率很低，只有 5%，而竞品有 10%。

小前提：竞品有很多关联流量，比如"看了又看""买了又买""一起购买"（截图），客户更多的时候是通过其他产品的链接进入到竞品的页面。

结论：为了备战今年的"423 世界读书日"活动，我建议购买商品推广 SP 和展示型推广 SD 两种广告投放商品详情页，进一步分析投放定位和竞价策略，增加关联流量和购买。您觉得呢？

三段论的好处就是循序渐进，让老板顺着你的思路一步步推进，最后把你的意见变成领导的意见。

注

1. 出发点是为公司好，为老板着想，让他感受到你的诚意和善意；

2. 要用具体的事例或者真实的数据等客观事实佐证，不要用"我感觉、我以为、我相信……"等主观判断。

第五章

手把手教你公司和产品
介绍演讲，赢得客户尊重、
信任和订单

公司和产品介绍是演讲和商业的完美结合，在做此类演讲时，你可能会有以下几个困惑：

不知道如何抓重点、讲特色，介绍显得空洞而没有说服力；

不知道成交的关键在于设计一套让人无法抗拒的演说方案。

……

老规矩，我们先用大树法则来分析一下。

树干（主题）——根据观众和机构的特点来准备演讲方案

在做销售类演讲时，我们需要根据不同观众、不同机构的特点，来准备多个不同的公司和产品介绍方案。

我看过很多学员的公司和产品介绍 PPT 演讲，虽然是不同的公司，在我看来，都好像是同一家公司在自吹自擂（假大空），只介绍自己有多厉害，内容太多太满，讲得太快太急，场面沉闷。即便是同一家公司，针对不同部门的公司和产品介绍也是不同的（见表 5-1）。

表 5-1　不同部门不同的公司和产品介绍

观众	部门	场景	侧重点 即观众关心、关注的点	目标
客户	销售部	销售提案	产品和服务差异化优势	拿下订单
		产品发布	人设、干货	打开市场
		招商路演	项目前景、合作模式	快建渠道
消费者	市场部	媒体报道 行业展会、 峰会	行业趋势 产品和服务价值	品牌曝光、 销售线索
政府	公关部	政府来访	技术实力、企业规模 社会责任心	政企合作 申请税费减免
员工	人事部	招聘 新员工培训	企业文化 工作环境 员工待遇	吸引优秀人才 价值认同

树枝（逻辑）和树叶（故事）——如何讲好销售提案、产品发布会、招商会

如何讲好销售提案，踢好签单的"临门一脚"

如果你想以乙方身份去说服甲方、拿下订单，那么做公司和产品介绍的时候，需要注意以下几个要点。

1. 自我介绍晒价值 + 客户介绍开心扉

还记得自我介绍的 MTV 公式吗？（参考《PPT 演讲力》。）

Me，我是谁？

抱大腿，比如奥美 AE（客户执行）、有超过 10 年的网络推广经验……客户喜欢和有实力的人合作。

Task，我做过什么？证明我牛！

提一个你服务过的相似案例（同行 / 同规模 / 同地等），讲一下合作前后对比（降本 / 增收 / 提效），让客户有代入感。

Value，我的价值有多少？

除了必要的寒暄以外，你在开始时，可以用一句话告诉客户，你今天来做什么，会为他解决什么问题。

举例

> 李总，我是 ×× 公司的 ××，我们这次拜访，是了解到您企业目前在 ×× 方面遇到了一些困扰，我们曾经为 ×× 等企业解决过类似的问题，都取得了相当好的成效。比如 ×× 公司他们现在的结果已经达到 ×× 了。今天就是想和您再沟通一下需求，因为我们只有了解您，才能够更好地去支持您和帮助到您。

+1 故事：我为什么要干这份工作。

这个方法就是心理学的"自我暴露"。想要获得客户的信任，就要

透露一些自己所经历的人生艰难时刻，与他人共享自己的感受和信念。

◢◢◢ 举例

　　家人在老家医院被误诊，耽误了最佳治疗时间，虽然最后
抢救了过来，有惊无险，但这件事对我产生了深刻的影响，让
我下定决心从事医疗健康服务行业。

不能只有你讲，还要让客户讲，客户介绍有 3 问，具体如下。

一问客户的奋斗史：您当时为什么想着创立这家公司？

二问客户的现状：现在您生意遇到的最大困难是什么？

三问客户的发展：您对公司未来发展的期望是什么？

越是高管，就越是喜欢在公众场合发表言论，也越是不喜欢坐下来听别人长篇大论。所以，你应该在销售提案过程中让客户参与、向客户提问和引导客户提问，客户说得越多，你对客户需求的了解就会越多，或者很多客户讲着讲着就讲嗨了，主动把需求全都讲出来了。

问→答→赞→问→答→赞……（整个过程，极度舒适）

你要回答、回应客户竞争对手的动态，客户行业最新资讯（大事件、新技术）等，把痛点和需求当成挑战和机遇，让客户有"这就是我想要的"的感觉，客户会主动问你"怎么办""怎么才能做到"，这时候，你就可以自然过渡到解决方案的介绍。

在这个过程中，你要赞美客户，因为任何人都期望得到反馈、得到认可。

2. 问出显性需求和洞察隐性需求

很多销售在沟通时的第一句话就是："我公司怎样怎样，我的产品怎样怎样……"像机器人一样，每天向不同的客户重复同样的话。我把这种销售模式叫作"我有药，所以你必须有病"，其效果可想而知。所以做公司和产品介绍，我们还是要先从客户的需求出发。

"显性需求 3 问"如下。

- 您为什么想要了解这个产品呢？
- 您为什么会考虑我们公司 / 我呢？
- 您为什么要在这个时候购买呢？

通过提问，让客户说出来我们想说的话，帮他自己说服自己。千万不要问到反面，比如，"您为什么不考虑我们的产品呢？"就像你不能问女朋友："你为什么要跟我分手？"而应该问："我们当初为什么会在一起？"

满足显性需求是底线，满足隐性需求是关键。隐性需求是客户自己都不知道，或者不方便说的需求。

举例

1.（不知道）比如我们有个学员是"定制旅游一姐"，有一次她听说一位客户要请自己的重要合作伙伴旅游，助理都安排好了，去西北大环线，每天车程 5 ~ 7 小时，时间较长，学员马上就问："你们的车能否 135°？"客户懵了，什么是 135°？原来 135° 是可以平躺 135° 的顶级旅游车，号称陆地

头等舱，招待重要合作方，当然要用最高档次的车，客户马上要助理换掉了原来的供应商，找我的这个学员合作。

2.（不方便）比如借着这个新项目，更好地表现自己的能力，更快地升职加薪。

3. 用两步证明法凸显产品和服务差异化优势（见图 5-1）

没有对比，就没有选择。两步证明法就是把解决方案分成两个部分，在两个部分中间，转折（跟同行对比）或者递进（跟自己对比），完成一次自我辩论，证明"我"就是解决这个问题的最佳人选。

跟同行对比：第一部分，先讲这是行业通行的、大家都在用的解决方案，然后转折，"大家都做得非常好，但是还不够"；第二部分，再讲你的独特优势。

跟自己对比：第一部分，先讲你们之前的解决方案，然后递进，"我们又往前走了一步"；第二部分，再讲你们现在的增值服务、定制化服务。

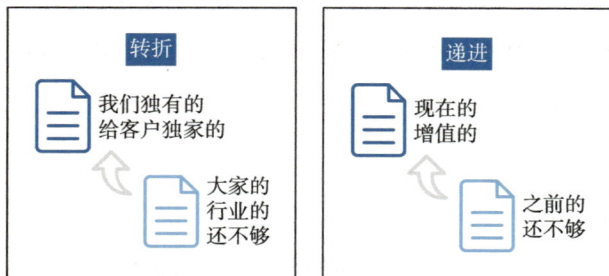

图 5-1　凸显产品和服务差异化优势的两步证明法

举例

1. 跟同行对比

（需求）企业 PPT 应用最头痛的就是没有统一、规范的版式，就像一锅乱炖。员工拿不出一份专业的 PPT，就会让公司品牌形象大打折扣。（第一部分）我们的同行可以为您量身定制 PPT 模板。（第二部分）除此之外，我们还可以为您提供两项额外增值服务：第一，提供模板使用方法视频教程＋3 次设计师直播答疑和实操指导（1 小时／次，线上），让您团队中的每个人都可以轻松高效制作出专业 PPT；第二，定制品牌元素包＋专属行业图片库，节约员工素材搜索工时，防止员工随意下载素材导致版权纠纷。

2. 跟自己对比

（雷军介绍小米无线充电器）（第一部分）我们之前的座充只能竖着充，很多米粉说，需要横着手机看视频的时候就特别麻烦。（第二部分）怎么解决竖着充电的问题呢？我们工程师在这款产品上放了两个线圈，不论手机是横着还是竖着，都有对应线路。这个创新看上去很简单，但我们为了提升体验，不惜加大成本。

4. 签约付款

到这步，客户心里会反复掂量两杆秤（见图 5-2）：第一，产品对我的好处是什么；第二，我为产品付出的成本有多少。产品的好处不够或

者付出的成本太高，都会让客户在付款环节止步。最多的好处就是成功案例，最低成本就是风险逆转。

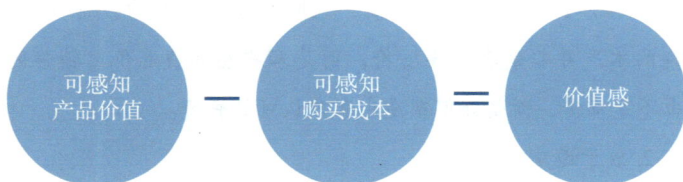

图 5-2　放大可感知的产品价值，降低产品的可感知购买成本

（1）客户见证，给安全感

如果直接讲产品有多好，反而会让人感觉是"王婆卖瓜，自卖自夸"，这样没用；有用的方法是讲和他类似的人都在使用这个产品，证明你真正地解决了别人的问题。最有用的方法就是和客户说："你一直想效仿的行业老大，用的就是我们家产品和服务，你确定不买吗？"

（2）风险逆转，解决后顾之忧

通过降低客户购买的风险，大大提升成交率。比如代理商说："产品不好卖怎么办？"很简单："如果产品超过一年还不好卖，那么就全部退换"。

（3）切西瓜法，以小博大

就像买西瓜时，你怕西瓜不甜，犹豫要不要买，商家会切个小块给你尝尝，如果你觉得甜，那么你就会买。同样的，当你跟进客户反复沟通，客户还是不成交时，你就可以尝试对客户提出一个无压力的小要求，比如先小批量拿货，客户尝到甜头后，就会再找你正式签约合作。

注

1. 精确报价

给客户计算一个非常准确，且能够说服客户的投资回报率。谈判的本质并非是客户要压价，而是客户在寻找底价。销售的关键也不是降价，而是如何塑造出客户认可的底价。

2. 敢于逼单

这样做其实是为了给客户信心，让客户做决定，因为很少有客户会主动交钱，大部分销售人员都是自己埋头做事，然后等待客户因为感动而购买，等到的却是客户买了别家的产品。

3. 要求转介绍

成交后千万不要说"谢谢"，否则客户会以为你赚了他很多钱。成交后要请求客户转介绍，这是最好的时机。

如何讲好产品发布会，打开销售市场

从想法到设计，从研发到生产，新产品或服务的上市，需要数月甚至数年，牵扯众多部门，花费大量成本，如果哪一步出了错，就有可能让公司为此付出的所有努力和资源都白费了。所以，产品发布会演讲的基本逻辑如下（见图5-3）。

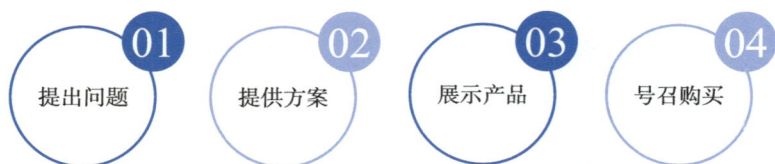

图 5-3　产品发布会逻辑图

第一，提出问题。

首先，提出一个问题。然后，告诉大家，产品发布会要卖的这个东西，是如何解决这个问题的。

比如，埃隆·马斯克（Elon Musk）在 Powerwall（家用电池）的发布会上，一开始用一句话就提出了问题："我今晚要说的是，从根本上改变全世界转换能源的方式……"PPT 配图为浓烟和图表曲线，将问题的严重性视觉化，让观众感受到二氧化碳浓度的急剧增加（见图 5-4）。

最后结尾呼应，通过特斯拉（Tesla）能源产品，二氧化碳浓度不再增加，这是我们触手可及的未来（见图 5-5）。

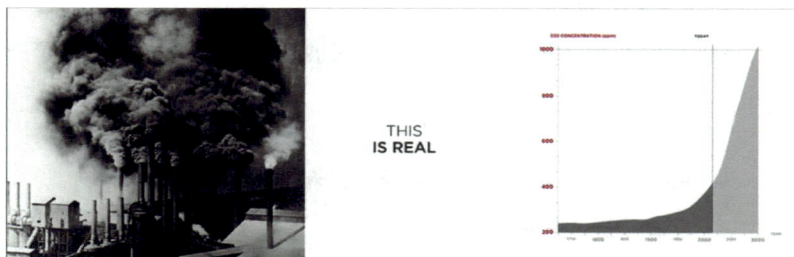

图 5-4　演讲开头将问题的严重性视觉化

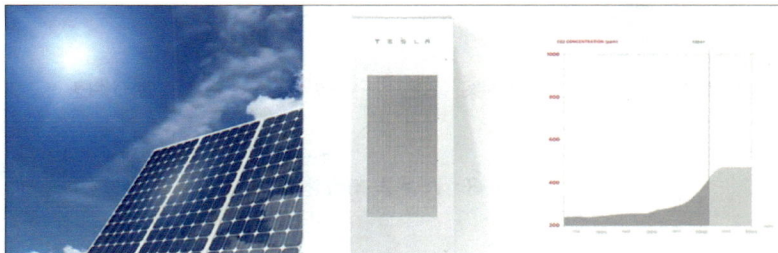

图 5-5 演讲结尾对比图

第二，提供方案。

提出问题后，马斯克马上把话题转向了两个解决方案：第一个，太阳，但是晚上没有太阳；第二个，普通电池，但是普通电池很丑、很贵，等等。你有没有发现，熟悉的配方，熟悉的味道，他也是用两步证明法，凸显差异化优势。他先告诉观众，现有的解决方案无法满足需求，这样观众的胃口就被吊起来了，然后他再顺理成章地提出，对比反差大的、新的解决方案——Powerwall。

第三，展示产品。

马斯克播放了一段很吸引人的视频来展示 Powerwall。然后讲了产品的 3 个卖点，具体如下。

- Powerwall 可以直接安装在墙上，和墙贴合，不浪费空间，不需要放一屋子电池。
- 即使停电了，依然有能源供给，特别是在偏远地区没有供电、供电时断断续续、价格高昂，和寒冷地区暴风雪导致断电的情况下。（场景化）

● 价格比其他同类产品便宜 3500 美元。

1.很多演讲者总是希望多多益善，对产品的所有卖点都进行流水账式的介绍，这样没有必要，如果介绍的卖点太多，就会让人感觉产品没有特点。应该选择 3 个卖点，以"1+2"的方式呈现，即 1 个核心卖点，2 个辅助卖点，这样更容易让消费者记住。

2.优点不一定是卖点，但客户的需求一定是卖点。而且要挖掘需求场景，让消费者的痛点与卖点关联。

第四，号召购买。

马斯克趁热打铁，紧接着号召观众购买："现在就可以在特斯拉官网上订购 Powerwall。大约 3 ~ 4 个月后就可以发货。"

第五，彩蛋道具。

紧接着，马斯克把道具展示给观众，道具是 2 块电表（见图 5-6）。1 块是电网电表，1 块是电池电表，"电网电表的读数是 0，今晚所有的电力都是由电池提供的"，这时，台下的尖叫、欢呼、掌声不断。

参考《PPT 演讲力》中介绍的"四个道具创意"，在演讲中形成一个令人难忘的记忆点，甚至是一个高潮。

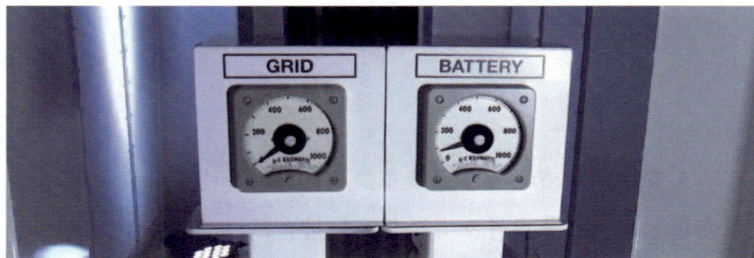

图 5-6 Powerwall 产品发布会道具

Powerwall 产品发布会共花费了 18 分钟，哪怕是 2 小时的发布会演讲，也可以是这个逻辑结构，只不过是按照这个逻辑多进行几遍而已，比如在菠萝家（定位要做家居行业的钉钉）的产品发布会上，菠萝家创始人黄金荣的演讲。黄金荣以 5 个脑洞（提出问题）、6 次进化（解决方案）、9 项发布（展示产品）的逻辑，穿插、串联全场。

举例

（提出问题）第 1 个脑洞：关系。

（解决方案）第 1 次进化：从管控思维到赋能思维。

（提出问题）第 2 个脑洞：频次。

（解决方案）第 2 次进化：从吆喝能力到内容能力。

（展示产品）第 1 项发布：素材库。

（提出问题）第 3 个脑洞：留量。

（解决方案）第 3 次进化：从关注流量到关注留存。

（展示产品）第 2 项发布：客户管理 SCRM 系统。

（展示产品）第 3 项发布：小区营销功能。

（提出问题）第 4 个脑洞：拆墙。

（解决方案）第 4 次进化：渠道管理从线性到网状。

（展示产品）第 4 项发布：区域经理管理功能。

（提出问题）第 5 个脑洞：场景。

（展示产品）第 5 项发布：销售场景功能。

（解决方案）第 5 次进化：给门店带来的核心价值。

（展示产品）第 6 项发布：经销商门店版。

（解决方案）第 6 次进化：从 B2B 到间接 B2C 的进化。

（展示产品）第 7 项发布：慧招商 App。

（展示产品）第 8 项发布：慧亚产业互联。

（展示产品）第 9 项发布：慧亚与中国泛家居网红联盟合作。

如何讲好招商会，招募商业合作伙伴，建立渠道网络，把事业做大

除了直接卖产品，有可能你还要找人帮自己卖产品，这就是招商，即分享赚钱的机会，让有资源的人与你合作。

发布会和招商会的区别在于，发布会面向的是终端用户，侧重于卖产品；招商会面向代理商，侧重于卖商机。

第一，行业趋势。

把握趋势就是最大的商机。

趋势机会 = 规模大 + 增速快 + 差距大（国内外）+ 不可逆

举例

（规模大）2016—2023 年中国特医食品行业市场规模预计会逐年递增，2021 年规模为 100 亿元，（增速快）并且每年的规模还会比上一年增长 20%，远远高于 GDP 的增长速度。

（差距大）从不同国家营养不良患者特医食品使用率可以发现，美国的使用率为 65%，英国的使用率为 27%，而我国的使用率仅为 1.6%，缺口多达 1.19 万吨。

（不可逆）要让观众有危机感，不能置身事外。比尔·盖茨成功后说："我只是和 1200 人讲了我的项目，其中 900 人说'不'，300 人加入，300 人中有 85 人在做，85 人里有 35 人全力以赴，而其中有 11 人陪我取得了成功。"当年错过的那些人，实际上是错过了一个软件时代。这个世界赚钱的方式都是从你"不知道"开始，然后又在你"怀疑和害怕"中错过。

第二，产品价值。

与其讲产品的好处，不如把好处融入到用户的故事当中。

比如马云给美国商家介绍阿里的跨境电商业务时说："曾有美国的地方政府管理者问我们，可以帮他们销售一些车厘子吗？我说可以。于是我们上架商品，那个时候，车厘子还在树上，然后经过销售、采摘、配送……72 小时后，这些美国的车厘子就被送到了 8 万个中国家庭手

中。之后的几天我们收到了很多'投诉'（转折），抱怨说，这么好的车厘子和这么便宜的价格，为什么买不到了，他们想买更多。"

我们细品一下这个用户故事背后的产品价值。

第一，"美国地方政府管理者"代表客户背书强。

第二，"72 小时全球配送"代表服务水平高。

第三，"8 万个中国家庭"代表消费市场大。

再比如，遇见小面的创始人宋奇介绍产品研发经历时，是这样说的（掉山洞情节）。

（掉山洞里）首先，我们把鲜面升级成保质期为 60 天的半干湿面……可是换了之后，我们收到部分老顾客投诉，都说面变了，不好吃了。（修炼中）因此，我们改变方法，所有产品必须接单现做，不能为了效率提前制备好……抄手必须在餐厅现场现包……冒菜必须一小锅一小锅分开煮，保证口味最佳且不串味……虽然这些都会增加操作的烦琐度，但这些细节正是决定出品好坏的关键。（爬出来）……这么多人能在生活节奏如此快的一线城市，在选择如此多的情况下，为了吃一碗小面而等位，老实说，我是有点惊讶的……竟然有 3 位顾客在小面的消费积分超过 2.5 万分。这意味着他们至少在这三四年里光顾我们的餐厅600 多次！这是顾客对我们产品的认可，也是对我们坚持的认可……

我们再细品一下这个用户故事背后的产品价值。

第一，"抄手、冒菜等接单现做"代表产品品质好。

第二，"3 位顾客消费积分超过 2.5 万分"代表客户口碑佳。

另外，如果你讲不清楚你卖的是什么、有什么优势，也就别指望代理商能讲清楚，再转达给其他终端消费者了。

第三，企业实力。

企业介绍和个人介绍的逻辑一样，同样可以用 MTV 公式，只不过这里先讲 M（我是谁）、T（我做过什么？证明我牛），后面再谈的合作模式、业务支持就是 V（我的价值）。

▮ 举例

（重点 M）我们是一家集新药研发、生产制造、销售等业务于一体的多元化、专业化医药集团上市公司。

（条理 T）主要有三个优势：一是技术力量强，科研人员有 800 余人，每年研发投入约为 9 亿元，研发实力在国内处于行业第一梯队；二是药物品种多，现销售药物品种为 49 个（含 3 个待上市品种），绝大部分为国内首家或独家仿制；三是销售渠道全，销售人员超 1000 名，管理代表近 5000 名，覆盖约 10 000 余家二级及以上医院（数字替换形容词）。

第四，合作模式。

想要赚钱，要先学会分钱，只有让合作伙伴赚到丰厚的收入，他们才会尽最大努力帮助你成功。代理商主要关心 "3 个钱"，具体如下。

第一，投资成本回收周期。

第二，投资回报率。

第三，持续盈利能力。

这"3个钱"，你都要给他们模拟算出来。比如（课程代理），平均每单收入1万元，保守测算，每周销售1单，每年销售52单，每年收入52万元，分成30%，利润为15.6万元，如果投入10万元课程学费（终身学习），那么不仅自己学习好了、践行好了，还能在一年内赚回学费。算完账，代理商心里就有了结论，就能权衡这事能不能干、值不值得干了。

合作模式至少分为两档（高低档），低档收费低，合作伙伴没钱但是有时间；高档收费高，合作伙伴没时间但是有钱、有资源，好项目就是能让更多的人参与进来。

第五，业务支持。

帮助代理商赚钱不是只在嘴上说说的，而是要真正帮助他们。怎么帮助呢？产品成功占50%（可控），经营成功占50%（不可控），不可控的部分，你需要有一套成功的、可复制的经营方法、流程，合作伙伴只需要按照方法、流程做就可以了。甚至不用做，比如名创优品，代理商只负责出钱，其他的装修、上货、运营等都不用管，每天上午，都会收到前一天营业额的30%的分成，就像买了一个理财产品一样。

第六，代理故事。

用户故事讲的是产品价值，即买你的产品有什么好处。代理故事讲的是卖你的产品有什么好处、能赚多少钱。招商的重点、难点，就是树立榜样，给潜在的合作伙伴"种草"。假如有合作伙伴为你发声、支持你，那就更好了，合作伙伴的一句推荐顶你的一万句。当你现有的代理商都能够轻松赚到钱的时候，以后自然会有更多代理商慕名而来，与你

合作。

如果你曾经也是代理商，那么你可以讲你曾经的代理痛点故事（非产品痛点），比如曾经加盟别的平台被割韭菜、遇人不淑……如何深挖痛点？痛点就是抱怨（不管是产品的还是代理商的），抱怨产品不好用、抱怨代理不赚钱，就是在表达痛点。所以，请珍惜向你抱怨的用户和代理商，也许他们正在为你提供超有价值的点子。

第七，现场签单。

在此之前，也就是招商会前一个晚上就要拿下高意向客户，提前签单，这样到现场签单这个环节你就不会慌、心里有底，然后邀请提前签单的合作伙伴上台分享，为什么选择你们、选择你们的项目（显性需求 3 问），带动其他有意向的客户签单。正在犹豫的客户可以先交定金（10%），（风险逆转）5 个工作日内可以无条件退定金。

果子（传播力与影响力）——顶级的销售就是卖自己的 IP（IP= 信任 = 业绩）

销售难，难就难在客户不认识你、不信任你，客户不知道你专不专业、靠不靠谱，怕被你忽悠。所以你需要学会做 IP 式销售（见图 5-7），一个好的个人 IP，就是一份"诚信背书"。

比如你是一位保险经纪人，对客户来说，选择 A 公司还是 B 公司、选择 A 产品还是 B 产品（高度同质化），并没有本质区别，区别在于，选择哪一个保险经纪人的服务。

"IP式销售"
打造个人品牌并加以传播

"顾问式销售"
追求客户需求和体验

"传统式销售"
注重产品功能和质量

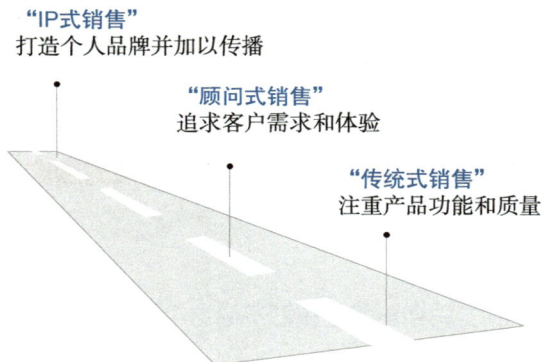

图 5-7　销售模式演进的 3 个阶段

注

　　就像"豆腐西施"，豆腐随处可见，但"西施"很难得，所以大家都是冲着"西施"买豆腐的。

　　假如客户在公众号、视频号等平台经常看到你分享专业知识（信任）、心路历程（真诚），比如"以后想让孩子出国留学，钱不够怎么办""以后退休，收入太低，如何保障晚年生活"……那么在客户心里，你就和其他保险经纪人不一样了，客户会拒绝其他保险经纪人给他推荐产品，但不会拒绝你持续、稳定地为他输出价值，这个时候，你的"销售 IP 值"就很高了，即便客户不会马上签单，但是迟早会签单。

　　所以，销售的顶级收获不是提成，而是在你的生命里，多了一个信任你的人。

树根（能量）——放下"不好意思"成交的顾虑

为什么演讲者有时会存在"不好意思"成交的顾虑

主要原因是以下两点。

1. 不敢卖，觉得自己卖的东西不值这个价

你不相信或者你不知道，你的产品、你的服务能给客户提供价值，总感觉客户花钱买了你的东西，是客户吃了亏，是你对不住他……内心的想法太多。其实客户购买我们的产品和服务所获得的好处，是远远大于或者至少等于客户付给我们的钱的，等价交换，这是社会正常运转的规则。

孔子收徒要 10 条干肉做学费，在当时，10 条干肉很贵，要知道，那时候老百姓是很难吃到肉的，几乎只有统治者（诸侯、大夫一类有地位的人）才能吃到肉，所以他们也被称为"肉食者"，《左传》里有"肉食者鄙，未能远谋"的话。但是孔子的徒弟们以自己的才学，改变自己的命运，他们实现自己抱负的价值，远远超过这 10 条干肉。

我刚开始做培训的时候，只会讲课不敢卖课，而叶武滨老师又会讲课又会卖课，他坚信，学员只有购买了他的课程，才能享受到他的服务，这样才会解决学员的问题，如果学员不选择他这么好的老师、这么好的课程，会走很多弯路，错失很多良机；再者，如果他不卖课，就会赚不到钱，这样机构也就请不到优秀的老师、员工，也就没有动力给学

员交付更好的课程和服务。我认为很有道理，于是我也扔掉了自己的思想包袱，轻装上阵，对卖书、卖课充满热情。

所以，销售人员和客户之间是平等、合作、共赢的关系，因为需求和供给，让销售人员和客户走到了一起。如果你不敢卖，那么客户也就不敢买，低声下气反而会让客户误以为是你的产品和服务没有价值、有问题，或者不相信你能帮助他解决问题。

2. 怕被拒绝，觉得对方拒绝购买就等于拒绝自己

客户对不了解的东西的第一反应就是拒绝。这就像你向女孩子表白，她可能还没有完全信任你、还没有准备好，或者你表白得太烂。这个时候，对她来说，拒绝你是最好的策略，但是被拒绝不等于没有希望，后面还要看你怎么再去追求她。我的老公在大学追求了我三年，大一时我就拒绝了，可他仍旧追求我……后来我问他，我都拒绝他了，为什么他还追求我，他说："没关系，我觉得是你还没有考虑清楚，我是你的最优选，不选我是你的损失。"同理，客户说"不"之后，重要的是你怎么再积极地采取行动。

不要太在意客户的拒绝，因为成交是有一定概率的，比如总会有80% 的客户拒绝你，20% 的客户有意向和你合作，5% 的客户购买你的产品。换个说法就是，如果你被 20 个客户拒绝，那么就会有 1 个客户和你成交，让你赚取 1000 元，相当于拒绝 1 次就价值 50 元；换一个角度去看，我们接受 200 次拒绝，就能赚 10000 元。

第六章

手把手教你教学培训演讲，
赢得学员好评、成为知识 IP

在这个终身成长、持续学习的时代，一方面，越来越多的企业开始从内部选拔讲师授课，期望可以让培训方面的投入快速转化为营收业绩；另一方面，越来越多的个人把主业工作或副业兴趣设计成课程，在知识付费平台分享变现或者拓展客户（比如培训讲座是律师开发客户的重要方式）。可以说，三百六十行，行行可以卖知识。但在知识变现的过程中，你可能会有如下的困惑。

不知道如何从 0 到 1 地快速研发一门课程；

不知道如何包装爆款课程，让用户愿意花钱、花时间学习；

不知道开发课程＝写书，普通人也有机会成为畅销书作家！

……

老规矩，我们先用大树法则来分析一下。

树干（主题）——如何给课程取个吸引人的好名字，提高点击率

设计一个好课程也要有 ABC 视角，A 为老师擅长讲的课程（独创方法论）；B 为学员感兴趣的课程，即能帮助学员解决实际场景中（工

作／生活／人生）所发生的问题；C 为市场最热门的课程（自带流量，好卖），不能"自嗨"。

举例

律师给企业 HR、老板授课的主题如果定为"劳动合同法"，那么就只有 A 视角（老师会讲的），没有 B、C 视角（学员、市场），补上 B 视角（和学员有关的）后的课程名称为"企业如何降低用工成本"；还可以再补上 C 视角"社保入税"，也就是社保缴纳从社保局转向税务局，漏缴、少缴（例如以最低工资为缴费基数）的方法或将难以为继，企业成本将会增加。结合 ABC 视角的课程名字可以定为"社保入税，企业如何降低用工成本"。

总结一下，好的课程标题的公式如下。

好的课程标题 = 痛点／痒点／爽点 + 解决方案

公式中等号右边的内容可以有各种排列组合。

痛点：过去的不满。

痛点就是如果不学这个课程，人们会遇到的困惑、麻烦和损失。好的痛点，就是痛到学员愿意掏钱的点，比如"考试提分"是让家长愿意花钱的好的痛点，"记忆力差""自控力差"对家长来说就不够痛。

痒点：未来的成效。

痒点就是如果学了这个课程，会获得的好效果、好成绩。好的痒

点，就是痒到学员能够赚钱的点，比如给店铺拍服装、美食以及做副业变现是摄影课程的好的痒点，"如何发朋友圈能获更多点赞"对摄影爱好者来说就不够痒。

爽点：当下的获得感。

爽点就是哪怕只看课程标题，还没学课程内容，就会感觉很爽、很满足。比如，多少干货（1个套路、2个方法、3个模型、4个策略、5个步骤）、多少福利（送50套模板）、多么容易（新手、每天15分钟），等等。

解决方案：知识、技能。

这个比较个性化，这里就不细说了。

好的课程标题举例如下。

第一，痛点。

"为什么你的短视频播放量惨淡？"

"为什么你每天很忙，却没有成果？"

第二，痒点。

"如何自我介绍，让别人一下子就记住你？"

"如何写一篇阅读量为10w+的好文章？"

第三，痛点 + 痒点。

"一上台就紧张？你需要一个有趣的开场白"

"激活腹部核心肌群，与大肚子说拜拜"

第四，爽点 + 痒点。

"9大空间收纳妙招，让你家越住越大"

"不背单词、不学语法，4周飚出一口地道英语"

第五，痛点＋爽点＋痒点。

"没有贵人相助？教你 155 法则打造'黄金朋友圈'"

"拒绝无聊，简单好玩的 5 个互动小游戏"

第六，解决方案＋痛点。

"婚内协议：房产证上有你的名字，房子也不一定是你的"

"时间管理：教你摆脱拖延／忙碌／迷茫"

第七，解决方案＋痒点。

"教练型父母：不吼不叫养出好孩子"

"儿童营养课：让孩子长得高、更聪明、少生病"

第八，解决方案＋痛点＋爽点。

"财富密码：如何不当韭菜，建立自己的交易系统，实现稳定盈利"

"穿出高级感！从路人变女神的 18 堂穿搭形象课"

第九，解决方案＋爽点＋痒点。

"一跳就瘦的减脂有氧操：每天 15 分钟，在家就能跳出 S 形曲线"

"短视频文案：零基础小白也能轻松月入过万"

注

　　这里的"零基础小白"是目标学员，类似的还有"专升本""职场新人""8 到 12 岁"等，可以直观地让目标学员注意到课程与自己的需求匹配。

第十，解决方案＋痛点＋爽点＋痒点。

"社群运营：活跃度、转化率低？ 6 个裂变模型引爆业绩增长"

看了这些实例，你找到点感觉没？

注 NOTES

在标题中，痛点、痒点、爽点至少要有 1 个，否则就是"三无"的无效课程标题，也就是只有解决方案（知识、技能）的课程标题，具体可以参考表 6-1 的例子。

表 6-1　痛点、痒点、爽点在标题中至少要有一个

解决方案	PPT 演讲力
＋痛点	PPT 演讲力：重要时刻，不要输在表达上
＋痒点	PPT 演讲力：告别焦虑，职场晋升快人一步

注 NOTES

一般有解决方案的是课程标题（一级），没有解决方案的是模块标题（二级），或者知识点标题（三级）（见图 6-1）。

2 小时的课程，有一级和二级标题即可；

2 天的课程，要有一级、二级、三级，甚至四级标题。

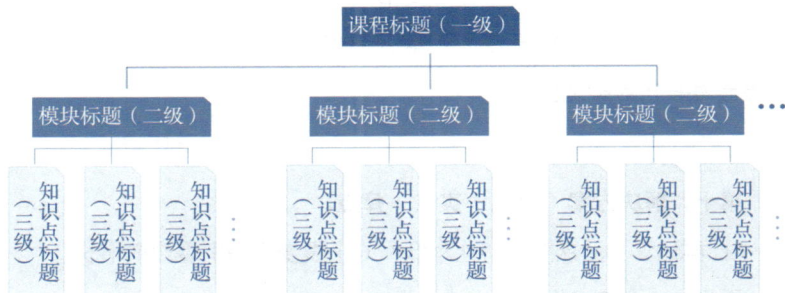

图 6-1　课程一二三级标题结构图

好的课程标题几乎决定了课程 50% 甚至更高的流量，也决定了最关键的前 3 秒印象，即学员看到了你的标题，就会点击进去查看课程详情，即 7 件套。

树枝（逻辑）——写好课程详情 7 件套，提高转化率

课程详情就像线上淘宝店商品的详情页，或者线下门店的销售海报，如果写得好，那么就可以有效地说服客户购买，提升课程的销售量（见表 6-2）。

表 6-2 "销售演讲的'关门逻辑'"与课程详情 7 件套对应关系

销售演讲的"关门"逻辑 （参考《PPT 演讲力》）	课程详情 7 件套
第一道门：痛点门（我为什么要买）	（1/7）课题引入
第二道门：方案门（我买的是什么）	（3/7）课程大纲
第三道门：案例门（我为什么要跟你买）	（2/7）讲师介绍 （含大咖推荐 + 学员好评） （4/7）课程亮点 （5/7）课程收获 （6/7）适合谁听
第四道门：优惠门（我为什么要现在买）	（7/7）引导下单

1.（课程详情 1/7）如何引入课题，唤醒购买动机

学员为什么要掏钱买你的课？因为他需要学习你的课程，但是大多数情况下，学员还没意识到他需要学习你的课程，所以我们要带学员进入多个痛点场景，引出关键问题，提出解决方案，即买课。

课题引入 = 痛点场景 + 关键问题 + 解决方案

痛点场景就是列出"你是不是经常遇到这些情况"。

举例

1.（痛点场景）你是否经常感到身心俱疲，却不知在忙什么？生活被工作和家庭占满，但似乎也毫无成就？学了无数时间管理课程，却始终做不到？（关键问题）很多时候，你缺的并不是知识和技巧，而是适合你的学习方式，以及一步一升级的自我满足感。（解决方案）我们对标先哲宝贵经验，研究10万名学员时间管理践行样本，浓缩6年教研精华，全球首推——"时间管理9段法"，助你听完一课，提升一段。

2.（痛点场景）孩子爱发脾气、窝里横、不接受他人建议、太在意他人评价……（关键问题）"孩子太小"，不是让这些行为合理化的理由。（解决方案）要对孩子进行情商教育，你首先要成为高情商父母。

2.（课程详情 2/7）如何写好课程讲师介绍，建立信任

虽然学员的购买动机被唤起了，学员想要学习，但是他们为什么要选择跟你学习？要向学员证明你的课程能带来好结果，你有资格讲课。（即 MTV 自我介绍公式里的 M 和 T，其他的课程详情是 V。）

讲师故事有两种：逆袭故事、大神故事。

逆袭故事就是，其实这个老师之前和你我一样，是一个普通人，甚

至还不如你我，后来通过课程里的方法，实现了逆袭，现在要把自己实现了逆袭的方法分享出来，帮助更多人。比如，为娃辞职的 0 收入二胎宝妈，开始发展副业，通过社群营销月入 10 万元，不再伸手找老公要钱……根据自身经验，总结一套 ××× 社群营销模型。

大神故事就是，他不需要逆袭，本来就很厉害。

讲师背书有 3 种：平台 / 大咖 / 学评。

平台经历：学历（博士、MBA 等）、职业（前央视主持人、世界 500 强高管等）、资格认证（心理咨询师二级、健康营养师三级）。

平台数据：（线上课程 / 线下课程 / 书籍）销量 / 好评 / 复购。

大咖推荐：大咖写的推荐语，或者和大咖的合影。

学员好评：一是展示学员的好评截图，二是讲述学员的成功故事，就是学员如何从很低的起点开始，或者经历挫折，通过自身努力和老师的帮助，取得成就的故事。比如，"我是 ×× 期学员 ×××，在公司默默无闻工作 12 年没有升职，通过年终总结 PPT 演讲，连升三级，瞬间成为职场明星，老板拍桌子称赞我，甚至报销了我的学费……"这些评价会让潜在学员信任你、对自己有信心，让潜在学员认为："别人都能做到，做得好，那么我也可以。"

3.（课程详情 3/7）如何构建课程大纲，体现专业度

很多课程大纲就像"火锅"，内容混在一起乱七八糟（见图 6-2）。或者就像一张"饼"，没有痛点 / 痒点 / 爽点作料，非常噎人，让人毫无"食欲"（见图 6-3）。

职业素养包括职业道德、职业技能、职业行为、职业作风和职业意识，那么职业素养不就把其他四部分都包括了吗？

1	中层的思维革命	优秀企业中层管理者的角色定位 中层管理者如何面对企业成长的问题 三个核心思维原则
2	中层的职业素养	中层管理者的六大内伤 中层管理者必须具备的能力 中层管理者的"三忌"和"三问"
3	打造中层卓越执行力	打造员工理念与行为的组织忠诚度 如何激励和疏导压力 有效把握授权的维度与走动管理
4	中层如何打造高绩效的团队	中层管理者建设高绩效团队的用人原则 中层管理者的团队管理风格
5	中层如何发挥领导力 作用带领下属完成任务	领导和管理有什么区别 领导下属常用的八大技巧

这三个不是一个意思吗

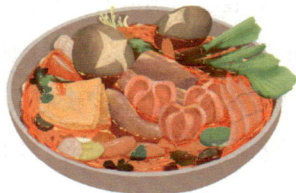

图 6-2 "火锅式"大纲，缺乏逻辑性和结构化

Part1	绩效管理基本观念与认知
Part2	绩效管理系统
Part3	绩效管理的问题与现状
Part4	绩效管理的原则与方法
Part5	绩效管理的常用技术

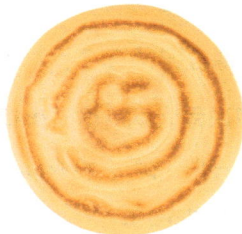

图 6-3 "饼式"大纲

好的课程大纲就是把课程标题（一级）、模块标题（二级）、知识点标题（三级）结构化地展示出来（见图6-4）。也就是讲清楚，课程围绕的主题分为几个模块，每个模块又有哪些知识点，模块跟模块之间有什么关系，知识点和知识点之间如何排序。甚至不只要考虑一个课程，还要考虑几门课程之间如何形成一个整体，即系列课程。

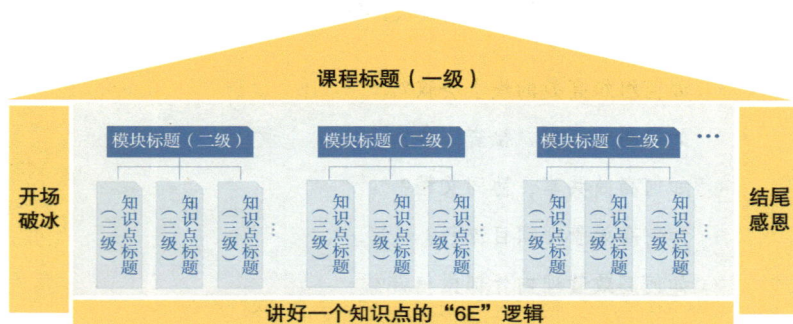

图6-4 课程结构图

模块（二级标题）的逻辑结构如下。

（1）流程模块

这种结构就是按照事物发生的先后顺序来安排课程内容。比如投资理财课程，第一模块是选行业，第二模块是选公司，第三模块是看估值，第四模块是做交易。

再比如时间管理的9段课程，第一模块（1 ~ 4段）为行动力，举重若轻，教你何时何地用何精力该干何事，让执行变得毫不费力；第二模块（5 ~ 7段）为计划力，教你如何事半功倍，帮你制定从短期到长期的计划，让目标、梦想快速实现；第三模块（8 ~ 9段）为反思力，

培养积极的生活方式和习惯，让人生不断精进、不断成长。

（2）情境型模块

这种结构是按照与学员工作／生活／人生息息相关的场景安排课程内容。比如收纳整理课程，第一模块的场景为衣橱、第二模块的场景为办公、第三模块的场景为旅行等。

再比如企业微信课程的情境模块，具体如下。

- 如何组织高效的线上会议？
- 如何高效汇报、检查工作？
- 如何高效共享、协同文档？
- 如何高效管理项目流程？
- 如何高效管理内外部微信群？

  ……

（3）模型模块

能够创造模型，意味着老师在这个课程的主题上有深入、系统的思考，有提炼、整合的能力，这可不是一般的老师能够做到的。

第一，图形建模。

比如"马斯洛需求层次金字塔模型"，把人的需求分为生理需求、安全需求、社交需求、尊重需求和自我实现需求。这么多年、这么多人，只要提到人的需求，大家都会讲或者只讲马斯洛需求层次金字塔模型，这就是模型的力量。培训恒久远，模型永流传。

再比如"PPT演讲力大树模型"，这是我的独家秘籍（见图6-5）。

课程标题（一级）

模块标题（二级）

知识点标题（三级）

知识点标题
（四级）

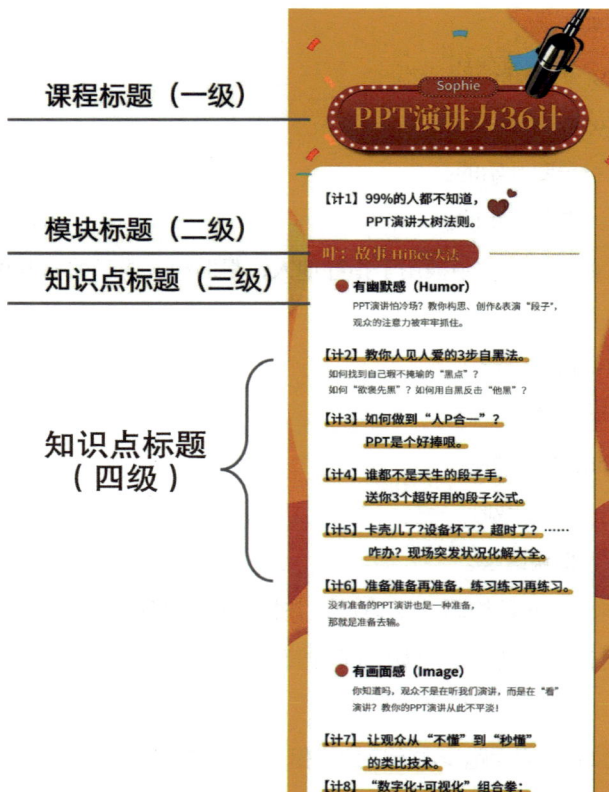

图 6-5　"PPT 演讲力 36 计"课程大纲图

常见的模型还有钻石模型、三角模型等。图形建模能够激活学员的右脑，也利于感知、记忆和传播。（学员会觉得干货很多、会拍照、会发布在社交平台。）

第二，字母建模。

字母建模就是把每个模块提炼成一个"字母"，比如复盘 KISS 模

型，具体如下。

Keep：需要保持的。

Improve：需要改进的。

Start：需要开始的。

Stop：需要停止的。

再比如教练技术中被用于指导他人，帮助他人成长的 GROW 模型，具体如下。

Goal：目标设定。

Reality：现状分析。

Option：发展路径。

Will：行动计划。

第三，口诀建模。

口诀建模就是构思一个口诀，并把口诀内容控制在 10 个字之内，便于学员记忆、传播。比如"阿里管理三板斧，定目标、追过程、拿结果"。

再比如，"简爱跑步法五字诀：挺、倾、柔、衡、坚"。

挺：就是挺胸，不要含胸，否则不能呼吸到充足的氧气。

倾：就是通过身体倾斜（不是弯腰）的重力惯性前进，这样不容易累。

柔：就是前脚掌着地，脚踝、膝盖相当于两个弹簧可以缓冲。如果全脚掌或者后脚跟着地，那么就只有膝盖作为 1 个弹簧可以缓冲，这样容易受伤。

衡：就是身体平衡，不要左右摇晃（摆臂不要越过身体的中轴线）和上下波动（头顶的起伏控制在 10 厘米左右），防止造成不必要的能量损耗。

坚：就是爱非坚持，如果想要长久做一件事情并获得成就，最好的方式是让自己爱上这件事，爱上跑步，而非违背自己意愿地去坚持，这样是坚持不下去的。

4.（课程详情 4/7）如何挖掘"课程亮点"，凸显优势

"课程亮点"一般主要体现在两个方面，即差异化和新方法。

差异化的方法举例如下。

举例

教练辅导、作业点评、直播答疑。

VS

超强教研团队全程陪学，助教们来自华为、腾讯等大厂（差异化），你能被优秀的人全天候指导，而且还能得到 ×× 老师的 1 对 1 答疑，实实在在地解决你在工作中遇到的难题。

新方法具体举例如下。

举例

易效能独创的时间管理测评系统 TMTI，可以用 10 分钟快

速测到您的时间管理能力即段位，您可以根据所在段位有针对性地学习。

5.（课程详情 5/7）如何总结"您将获得"的收益，再次提醒学员购课理由

"您将获得"的收益可以总结为：

精炼课程内容价值 + 补充课程介绍未尽的福利。

比如，"PPT 演讲力 36 计"给学员带来的收益可以总结如下。

1. 提升自信力。

让您从容驾驭舞台，从恐惧演讲到热爱演讲。

2. 提升说服力。

PPT 演讲是一个非常好的说服工具。当你想要说服别人去做一件事情，或者说服别人去相信一个观点时，你就应该想到用 PPT 演讲这种方式来实现自己的目标。

3. 提升领导力。

让别人快速认识你、相信你，愿意追随你。

4. 提升影响力。

把观众变成粉丝，让自己成为自带流量的影响力中心。

还可以加上各种福利，比如赠送电子书 / 学习地图 / 知识模型卡片等，进一步刺激学员报名。

6.（课程详情 6/7）如何列出适合谁听，快速吸引目标人群

目标人群画像的要点包括两个方面，即听众类型（年龄 / 性别 / 领域 / 职业等）和听众需求（解决问题 / 获得知识等）。

比如，时间管理课程的目标用户如下。

上班族：工作效率低，天天加班却没有成果，升职加薪"与我无关"。

宝妈族：生活被工作、家庭占满，常常身心俱疲，生活混乱无序。

学生党：作息混乱、经常熬夜，学习效率低，考试前通宵补习。

追求高效能的人：具备一定的时间管理能力，希望更加系统地学习和精进。

再比如，视频号运营课程的目标用户如下。

如果你想自己独立做视频号，欢迎加入我们，野蛮生长时期，人人都有机会做成大号。

如果你负责公司的视频号，赶紧加入我们，我们会教你如何成功帮助公司做好一个视频号，相信我，你接下来在整个行业会有很多机会，你也会很贵、很值钱。

7.（课程详情 7/7）如何引导下单，营造紧迫感和超值感

可以参考本书第八章介绍的价格锚点和限时限量限优惠的内容，对标贵的事物，让学员感觉占了便宜（如图 6-6 所示）。比如，以前同款线下课程我们收 3800 元，有数千名学员购买，今天这个线上课程，我们只要 99 元！

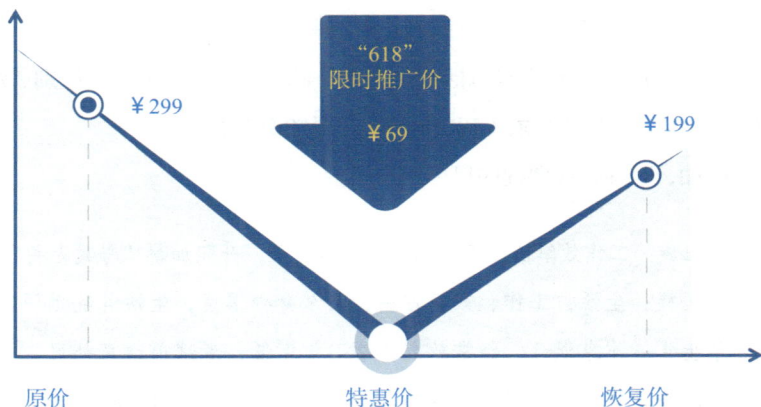

图 6-6　课程价格锚点举例

接下来，就是写课程逐字稿，录制或者直播课程了。

树叶（故事）——完整讲好一堂课的 3 个要点

1. 开场如何破冰，让学员充满热情地融入课程

什么是"冰"？就是老师还没进入授课状态，学员还对教学环境陌生，老师、学员和课程内容还没有连接。怎么破冰？动起来，就是让学员动动口、动动手、动动脑，参与进来。

开场三问就是让学员动脑+动手：问出痛点，问出重要性，问出期待。

比如我去儿子班级做"小学生时间管理，搞定一切还能玩"的讲座，我是这样开场破冰的。

同学们好，我是 Sophie。我先调查一下，被爸妈催促过作业的同学

请举手！（同学们全都举手。）

那么我想问一下举手的同学，你的爸妈是怎么催促你的？

"快点啊！"

"怎么还不写作业？"

"作业做完了吗？"

"这么慢……"

我再调查一下，作业写到很晚没时间玩的同学请举手！（绝大部分同学举手。）

今天我要教给大家一个大招——时间管理！（不露痕迹地引导到课程主题）教你们以后不被爸妈催，还能有时间玩，大家觉得好不好？（同学们都回答"好"。）这个大招就是吃青蛙、吃番茄、吃土豆。（自然过渡到课程主体部分，开始介绍课程框架内容。）

动口，比如"PPT演讲力36计"课程的开场破冰就是"找好友"，全体起立，背景音乐《婚礼进行曲》响起，然后需要学员牵住所在小组任意一位组员的小手，两人在原地结交为好友，并发誓：

我（×××）愿意成为×××的PPT演讲好友，从今天开始到未来很长的时间里……无论他的PPT做得多丑、做得多慢，无论他讲得多乱，我都要陪伴他、鼓励他、监督他，我们会一起搞定PPT演讲，成就人生路。

发誓人×××

××××年×月×日

发誓结束后，给好友一个深情的拥抱。这样整个课堂的气氛就活跃起来了。

2. 设计一段让人"上瘾"的学习旅程

注 NOTES

知识点标题（三级）的逻辑结构请参考《PPT 演讲力》的第二章。

（1）好老师都是段子手

刘润老师曾夸我是"德云社秘传女弟子"，我认为他说得对，我最擅长寓教于乐，使人在娱乐中受到教育，用英文来说，就是 First, entertainment；Second, education。每 15 ~ 20 分钟，老师就要让学生笑一下，或者动一下（动手动口动脑），让学生的注意力重新聚焦在课堂上。如果学生的注意力涣散了，那么老师讲什么都没有用了，如果学生们机械化地接受大量枯燥乏味的知识，那么他们真的会学不动，时间久了，他们自然而然就会厌学。

比如，"网红"化学老师向波，拥有 600 万粉丝，获得过 3400 万点赞，他在备课时就给自己定下了量化的目标，每段话要让学生笑 2 ~ 3 次。比如他讲"恋爱中的化学"（场景化）时，会告诉你一见钟情就是由于人体大量分泌的多巴胺能让人产生爱和快乐的感觉……其实不能怪那些多情的人，如果你的多巴胺那样分泌，你能控制住自己吗？……"

向波老师口中时不时会蹦出与课程内容相关的幽默段子，让学生学

得轻松、学得快乐，爱上了化学。爱上学习才是学习的最高境界、教学的最高水平，子曰："知之者不如好之者，好之者不如乐之者。"

再比如，新东方的3331教学模式，即30%讲英语知识，30%讲百科知识（段子），30%讲人生观和理想，10%讲金句。其中的段子不是靠即兴发挥，而是靠写逐字稿。

（2）好老师都有小白思维

记得我上学的时候，特别害怕老师说"答案A明显不对"，因为我不懂，A为什么不对？哪里明显？有一次，我儿子问我鸡兔同笼问题："有若干只鸡和兔同在一个笼子里，从上面数，有35个头，从下面数，有94只脚。问笼中各有多少只鸡和兔？"我知道这个问题应该用方程解，但是我儿子不知道什么是方程，我给他讲方程时，他感觉我在讲天书。

你看，我们都被知识诅咒了，我们知道的越多，就被诅咒得越深，所以老师要把"专业模式"切换到"小白模式"（参考本书第一章中的"利他思维"）。所谓教学经验，无非就是一步步打破自己的知识诅咒，从学习者的角度（学员的年龄、所处阶段等）来构思授课方式、内容，把知识更好地传递给学生。

比如，我在《小学生时间管理，搞定一切还能玩》的课堂上，给二年级的小朋友讲拖延症、专注力就显得太专业了，于是我就把我自己切换成二年级的小朋友，用他们都懂、都感兴趣的"怪兽"来类比，具体如下。

你为什么不能说干就干、立即行动、回家第一件事就是写作业呢？

因为在你面前有两个"怪兽"挡住你了，不让你去做。一个"怪兽"叫"我太难了"，一个"怪兽"叫"我诱惑太多了"（见图 6-7）。

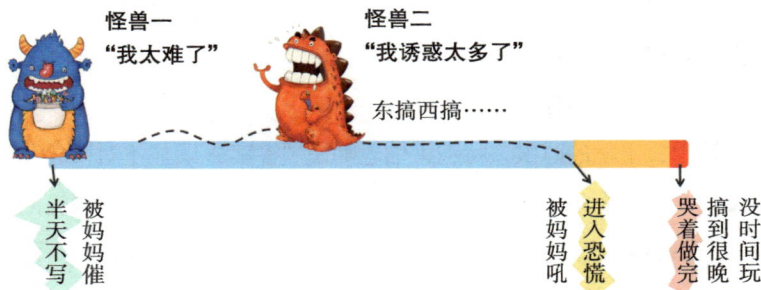

图 6-7　阻止你写作业的两个"怪兽"

　　我们先来看第一个"怪兽"——"我太难了"。它会附身到你身上，然后不断地跟你说："写作业很难，你不会写；写作业很无聊，等一下再写吧……"如果你乖乖听话，那么它就控制你了，你就失败了。你应该反过来控制它，你要跟它说："我不怕你，我要写作业，马上就写！"我们刚学过一篇课文《寒号鸟》，寒号鸟就是被"我太难了"这个怪兽附身了。搭窝太难了，所以它就不去搭窝了，它想先睡一会，想先玩一会，睡觉很简单，玩很简单，所以最后它就被"我太难了"这个"怪兽"给伤害了。

　　另一个"怪兽"就是——"我的诱惑太多了"，它的名字有点奇怪，要不然怎么是"怪兽"呢？如果你不开始写作业，那么"我太难了"就会跑出来，等你好不容易开始写作业，"我的诱惑太多了"就出来了。

它也会附身到你身上，不停地打扰你。一会儿跟你说你想喝水了，其实你也不是很渴；一会儿跟你说你要去上个厕所了，其实你也没有尿；一会儿跟你说"玩一下橡皮吧"……总之它就是用各种方式打断你，不让你好好写作业，这样它就赢了。这个时候，如果你想要打败它，那么只有一个办法，就是你不要理它，只要你继续写作业，它就拿你没办法，这样你就赢了。在座的同学听过《小猫钓鱼》的故事吗？请一个同学给我们简单讲一下好吗？……（互动）你看，小猫也是被"我的诱惑太多了"这个"怪兽"附身了，小猫一会儿抓蝴蝶，一会儿抓蜻蜓，这样就总是钓不到鱼。如果小猫不理"怪兽"，专心钓鱼，不抓蝴蝶、不抓蜻蜓，那么它一会儿就钓到鱼了。

我举的例子《寒号鸟》《小猫钓鱼》都是二年级孩子熟悉和学过的内容。

再比如，讲解什么是对冲基金时，老师通常会说："是采用对冲交易手段的基金。"那什么是"对冲交易手段"呢？学生该不知道还是不知道。

✖ 用未知解释未知。

✔用已知解释未知。

◢ 举例

大家知道杜蕾斯收购了美赞臣吗？一个是避孕套生产商，一个是奶粉制造商，两个可以说是"反义词"的行业。要么，你今天用他们家的避孕套，要么你的孩子十个月后喝他们家的

奶，横竖都是他们家赚，这就是"对冲"。使用这种方法，在做多一只股票的同时，做空另外一只股票的基金，就是对冲基金。

（3）好老师都会用"场景化 + 利益化"的方法授课

很多老师教的是知识点，可是回到工作／生活／人生场景中，学员会发现，要么用不上知识点，要么不知道怎么运用知识点。所以，要场景化，就是要匹配真实、典型、有挑战性的工作／生活／人生场景来开发课程，学以致用（如图 6-8 所示）。

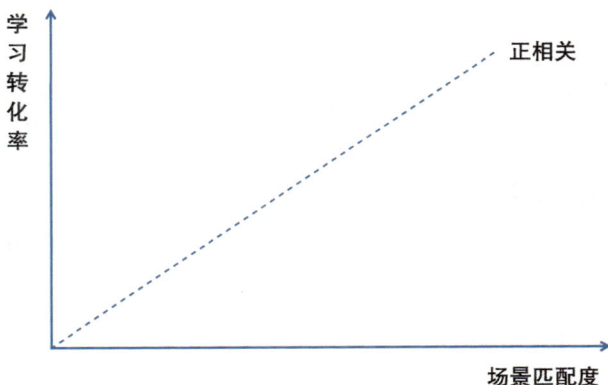

图 6-8　场景匹配度和学习转化率正相关

比如，市面上大部分 **PPT** 培训都等同于"**PPT** 说明书"，学员们学了一堆菜单、按键，发现还是不会用或者根本用不上，因为学员感觉不到完整的应用情景，所以我的"**PPT** 演讲力 36 计"课程，把知识和技能与学员的工作／生活／人生场景对应起来（见图 6-9），将所讲的知识

和技能现场转化为学员的行为，使他们可以有效地处理实际问题。

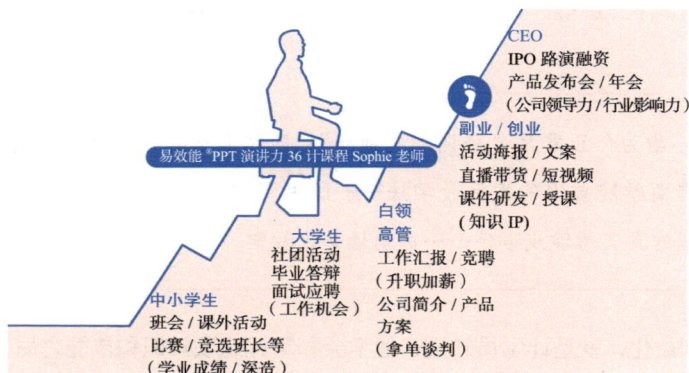

图 6-9 "PPT 演讲力 36 计"线下课程场景化教学

再比如，我们有一位学员是央企内训师，授课主题是"逻辑六层次"（见图 6-10），他给我们分别讲了第一层环境层是什么、第二层行为层是什么、第三层能力层是什么……这个模型确实好，但是我们不知道

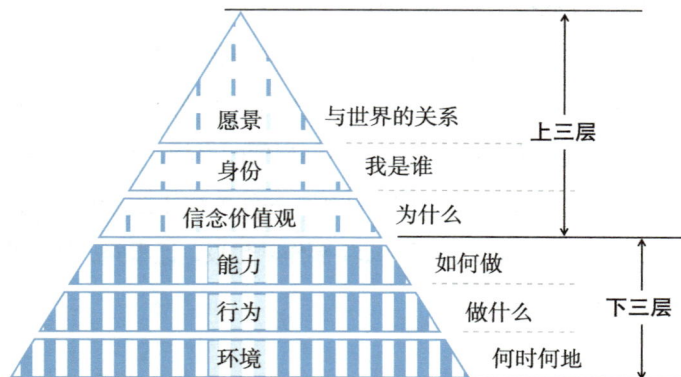

图 6-10 逻辑六层次

这个模型有什么用。于是我建议他场景化教学，比如，在管理中，上三层表扬，下三层批评；跨部门冲突要升维到上三层解决等。

注

> 华为任正非反复强调的"训战"，即仗怎么打，兵就怎么练；哈佛商学院首倡的案例教学法——所用到的案例都是来自于商业管理的真实情境或事件……都是场景化教学。

利益化，就是让学员知道，他学会和掌握这项知识和技能之后，是多么酷、多么赚！专治学习动力不足的毛病。

比如，我在读香港科技大学 MBA 课程"风险投资和私募基金"的时候，教授告诉我们，等你们上完课，做完作业，相当于获得了一年风投工作经验，如果你未来参加面试，其中 80% ~ 90% 的问题，你都会在这门课程中学到答案。

再比如，在教授"梦想板制作"的内容之前，我会先展示其他学员设计的梦想板，并告诉学员，《秘密》一书中提到，"视觉化是一个天大的秘密。很多人都不能如愿以偿，实际上是因为他们梦想的东西根本就没有在心中显现出来。所以要视觉化你想要的事物，看见它，感觉它，相信它，做到它"。这就是吸引力法则——你关注什么，就会将什么吸引进你的生活。所以你必须开始动手制作梦想板，让零碎、模糊的想法变成清晰、聚焦的画面。

3. 如何结束，才能把课程再次推向高潮，并延伸至课后、课外

要做到这一点，一是可以参考"PPT演讲力36计"课程中讲到的号召结尾；二是感恩结尾，我在每堂线下课结束时，都会送出三个感谢：

"第一，感谢在座的各位同学，走进教室之前，我们都素未相识，感谢大家选择相信我、相信"PPT演讲力36计"课程（向学员鞠躬）。第二，感谢幕后的教练义工，精彩课堂不是我一个人创造的，更多的是幕后教练义工创造的，只不过我是老师，我沾了光，光环都在我头上，这样不合适，我要还给他们，邀请所有的教练义工上台（一一介绍）。我能叫出他们每一个人的名字、讲出他们每一个人的故事，因为他们值得被记住（向工作人员鞠躬）。第三，感谢叶武滨老师，他是我的贵人，让我的人生赢在了转折点，叶老师今天在×××（朝叶老师所在的方位鞠躬）……"

果子（传播力与影响力）——普通人如何出一本畅销书

1. 从课程到书的转化

课＝书（见表6-3），如果你会开发课程，那么你也同时解锁了写书的技能。知识IP自带流量，号召力强，更容易成为畅销书作家。

表 6-3　课程和书籍结构的对应关系

课程	书
"PPT 演讲力 36 计"	《PPT 演讲力》
"时间管理 9 段法"	《高能要事》
课程标题（一级）	书名
课程详情 7 件套（课程大纲）	目录
课程详情 7 件套（课题引入 / 课程亮点 / 课程收获 / 适合谁听）	前言 / 序
课程详情 7 件套（讲师介绍）	作者简介

　　注意，如果你直接写你的专业知识，那么你的潜在读者可能就只有你的同行，这样做的缺点有两个：一是读者少，二是同行也知道书中的内容。这样你的书就卖不动。所以，如果想要书籍（包括课程）畅销，那么你的目标读者、学员就要大众化，不能过于小众，这样的好处一是买书的人多，二是你的行业积累比非本行业的人要多得多。

　　比如，咨询顾问写企业战略就不如写个人战略，企业少，个人多，个人也非常需要战略，比如，选哪个专业；是留在老家发展，还是去北上广深；如何做好职业转型……任何人生大题、难题，都可以用企业战略模型和思路解决，提高人生的投入产出率。

　　再比如，复盘本来是围棋中的一种学习方法，就是下完一盘棋，就重新再摆一遍，看看哪里下得好、哪里下得不好，下得好和不好的，都要进行分析和推演。如果把围棋人群（小众）拓展到职场人群（大众），那主题就可以换成工作复盘。

　　所以，你会发现，很多书名都是《人人都需要的 ×××》《人人都是 ×××》《人人都该懂的 ×××》，你可以填空，比如管理术、营销

学、产品经理、财务思维等。

2. 如果暂时或者实在没有能力成为知识 IP，怎么办

一是如果你有 80 分的水平，那么你就可以去教 40 分甚至是 60 分的人。

注

你以为你知道的知识，别人也会知道，但其实很多人并不知道。（知识诅咒）

二是采用跟随策略，跟随这个领域的专家。在你喜欢的领域积累本事，需要很长的时间，但是找到有本事的人，这个难度降低了好几个量级。而且你帮他们做事情，也不耽误你享有长期红利，甚至你更有可能成为专家。

经常有学生问巴菲特："我该去为谁工作？"

巴菲特总是回答："去为那个你最仰慕的人工作。"

巴菲特想成为股票投资专家，大学毕业后，他就申请去自己的老师、证券之父格雷厄姆的公司工作，他宁愿一分钱工资也不要，只想为自己最仰慕的人工作。结果，他还是被拒绝了。但是巴菲特不气馁、不放弃，一直和自己的偶像联系了 3 年，主动免费为格雷厄姆做证券分析研究工作，最终被自己的偶像聘用了。这段工作经历，也是他成为"股神"的最重要的起点。

巴菲特在 2000 年股东大会上演讲时说："50 年前我在哥伦比亚大学

开始学习格雷厄姆教授的证券分析课程。在此之前的 10 年里，我一直盲目地热衷于分析、买进、卖出股票。但是我的投资业绩却非常一般。从 1951 年起，我的投资业绩开始明显改善……原因非常简单：当时在大师门下学习几个小时的效果远远胜过我自己过去 10 年里自以为是的天真思考。"

树根（能量）——人人都是学生、人人都是老师、处处都是课堂

1. 什么是课堂

谁说只有上课的教室才叫课堂？你现在正在看的书《关键演讲》是课堂；"三人行"是课堂，必有我师；"九九八十一难"也是课堂；大自然也是课堂，道法自然（规律）。

注 NOTES

（道法自然）当我们看到大自然瓜果蔬菜"蔓长果稀"时——如果枝叶藤蔓长得多、长得长，果子就结得少，就知道人也一样，要想有结果、成功，就得专注聚焦做好一件事。

2. 什么是学生

我有时会想，我们当了这么多年的学生，但好像很少有人知道为什

么叫"学生"？学生，学生，"学生"的目的，就在于学"生"。不学"生"，难道你还要学"死"吗？先人把学生叫作"学生"，就是让我们后人知道，"学"的目的就是"生"，而且是"三生"——生存技能、生活幸福、生命意义。（三点式，同字提炼大法）

3. 什么是老师

老师就是教学生"生存技能、生活幸福、生命意义"的人。一个人有多优秀，要看他有谁指点。

孙悟空有 3 个老师，第一个老师是菩提祖师，他教给孙悟空 72 变和筋斗云，一个跟头十万八千里，这就是在教生存技能，使孙悟空成为强者，大闹天宫，非常厉害。

孙悟空被压在五指山下，他的第二个老师来救他了，是唐僧。唐僧不会法术、法力，只会念紧箍咒，约束孙悟空。唐僧苦口婆心地教他，"乱扔东西是不对的，乱扔东西会污染环境，如果砸到了小朋友该怎么办？就算砸不到小朋友，砸到花花草草也不好……"其实这就是在教"猴"做"人"，教他德行。"不带紧箍咒的孙悟空"说得难听一些就是"缺德"，缺德就会缺幸福，因为道德本身就是幸福，善因善果，恶因恶果。人为善，福虽未至，祸已远离；人为恶，祸虽未至，福已远离。唐僧就是在教孙悟空生活幸福，使孙悟空成为善者，最后取得真经。

孙悟空的第三个老师是乌巢禅师，可能你不知道他是谁，因为电视剧里没有他，但《西游记》原著里有他，在第十九回，乌巢禅师传授给孙悟空的《心经》（"色即是空，空即是色"），共 270 个字，就是在教生

命意义，使孙悟空成为圣人，圣人就是让自己幸福，也让别人幸福的人。孙悟空最后修成正果，成了佛。

孙悟空遇到了好老师，他也是好学生，老师最大的成功和快乐是教出值得自己崇拜的学生。

第七章

手把手教你高管演讲，赢得公司领导力、行业影响力

伟大的领导者同样是伟大的沟通者，但很多企业的高管也会有以下的困惑。

如何对内演讲，减少内耗、赋能团队，展现领袖魅力？

如何对外演讲，链接潜在客户、上下游合作伙伴和高端人才？

......

老规矩，还是先用大树法则来分析一下。

树干（主题）——"3话"提升领导力

作为领导，至少已经掌握了话语权，但是，有些人要么不用话语权，念助理写的稿；要么"滥用"话语权，自己想讲什么，别人就得听什么。这些脱离"群众"的方式讲话，其结果就是，要么大家听不懂，要么没人听。要想联系"群众"，领导就要做到"3话"：听话→问话→讲话。

听话：（倾听）听事实、听情绪、听意图。

问话：（提问）让对方感受到我们的关心＋让对方感受到自己有价值。

讲话：（反馈）达成一致的目标。

树枝（逻辑）+ 树叶（故事）——高管演讲的逻辑与故事

1.（对内）动员会演讲，如何激活人、抓业绩

动员会也叫启动会/誓师会/Kick off。古代士兵出征前，将领都会登高训话，鼓舞士气；与现代工作项目启动前，老板动员演讲一样，把战前氛围，通过启动会的仪式感，传递给团队的每一位成员，"上下同欲者胜"。动员会演讲的基本逻辑如图 7-1 所示。

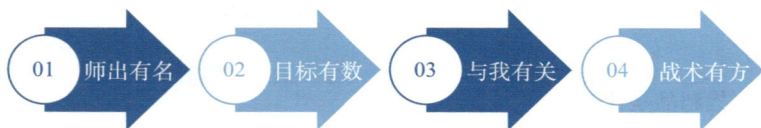

图 7-1　动员会演讲的逻辑

（1）师出有名

古今中外，每一场战争都有"为何而战"（为自己/为他人/为更多人）的口号，比如莫斯科保卫战——"我们退无可退，因为我们的背后就是莫斯科"，陈胜、吴广起义时喊出的"王侯将相，宁有种乎"，等等，不仅令人为之振奋，还口口相传。同样，我们也可以给动员会定一个口号，帮助团队成员找到"战斗"的理由，从源头激活他们，做到"师出有名"。比如"双 11"，就是电商人的战场，战前动员会口号可以定为"决战双 11，赚足过年钱"。同时，口号也可以是演讲主题、会议主题。

（2）目标有数

具体的目标，可以是 GMV、流水、利润、增长率等。

"向着更高的业绩冲刺。"

VS

"这个'双 11',冲刺中国区千万销量,提前完成年度目标。"

2019 年 3 月 29 日,华为举行了消费者 BG"军团作战"誓师大会,提出 3 年营收达到 1000 亿美元,5 年营收目标为 1500 亿美元(目标有数)。

(3)与你有关

战友是谁?

领导站台,赋予"将领"推进整件事情的权力,明确干系部门和干系人。

战利品是什么?

没有激励,就没状态;没有状态,就没有工作效率和业绩产出。有激励,就是有 2C——Cash(钱)+ Care(关心),这样领导可以和下属成为工作上的战友,生活上的好友,找到下属工作和生活的链接点,才能更好地激励他们。

签军令状。

此外还有报目标 /PK/ 对赌 / 授旗 / 宣誓等,形式各不相同,效果异曲同工。大家认领目标,等同于承诺目标。

(4)战术有方

领导要给员工讲解和培训打胜仗的方法,让员工知道每一步该怎么打,确保上战场的时候武器是好用的、子弹是充足的。不可能只凭着一腔热血和激情,就能获得战役的胜利。

注

在这一步，可以邀请曾经上过战场、打过胜仗的员工上台实战分享。

2.（对内）如何正确表扬员工，让员工干劲十足；如何正确批评员工，让员工心服口服

表扬人要公开，批评人要私下，所谓"扬善于公庭、规过于私室"。

（1）3A 表扬法（见图 7-2）

根据表扬程度，层层深入：

1A=Action（具体动作 / 结果）

2A=Action（具体动作 / 结果）+Approach（方法建模）

3A=Action（具体动作 / 结果）+Approach（方法建模）+Align（价值标杆）

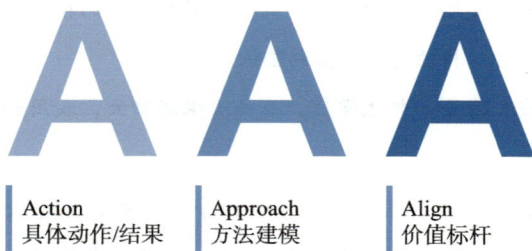

Action 具体动作/结果	**Approach** 方法建模	**Align** 价值标杆

图 7-2　3A 表扬法

Action（具体动作 / 结果）：越具体越好，否则，别的员工就会心理

不平衡，觉得"我的工作干得也很好，为什么不表扬我"。

Approach（方法建模）：不只表扬，还要发问，他是怎么做到的？第一次做到、持续做到、有进步的时候，都值得表扬。

Align（价值标杆）：与公司核心价值观结合，打造标杆，比如邀请分享／内刊报道／颁发奖章等，让其他员工也有这种好的行为。我们为什么要学习雷锋精神？是因为雷锋精神代表了社会主义核心价值观——爱国、敬业、诚信、友善。

举例

1.（Action）在这里，我要重点表扬×××，用 2 个月策划、落地了 5 场市场推广"战役"，包括智慧城市峰会、IT 转型论坛等，超额完成目标并实现了×××营收，创造了奇迹，不敢相信，这是一个刚上任的新人干的。（Approach）当时你是怎么想的、怎么做的？能不能讲一下？（Align）太棒了，你的表现正好是咱们公司所倡导的"创新超越"的精神，我为我们公司有你这样的员工而感到骄傲。

2. 我们有个小学生学员，有一次课间聊天，我用如下的方式表扬他。

（Action）你的同学下课就讨论手机游戏，你每次都不参与，在一旁看书，你好厉害啊。（Approach）我很好奇，你是怎么做到的呢？难道你不喜欢玩手机游戏吗？你不跟他们讨论，不怕没有同学跟你玩吗？（Align）你真棒，你就是"学习

动力"本"力"。你的很多同学的爸爸妈妈都在愁这件事，今晚的 PPT 演讲作业就是，明天课上给你的叔叔阿姨、同学们讲讲你的办法吧。

所以，3A 表扬法也适用于表扬孩子，底层思维是一样的，所以，一个不擅长带团队的领导，很可能同样也不太会带孩子。

（2）3 问批评法

1 问：发生了什么事情？我想听听你的想法，可以吗？

先说问题往往没用，员工不会听，他会条件反射式地防御和排斥，找理由反驳你。先听听员工怎么说，让员工感觉你在关注他、关心他，他就不会有情绪和对抗。

注 NOTES

> 就事论事，比如，我注意到，这周你迟到了 2 次，而不是指责："你怎么总是迟到？！"我们要分清楚批评和指责，批评是指出别人的错误，帮助别人有更好的表现。指责是否定整个人（人品／能力），摧毁、控制别人。

2 问：如果继续这样的话，是不是对你影响很大？

让他知道，做不好这件事，也不符合他自己的切身利益（比如频繁迟到会影响别人对他的尊重和信任）。不要直接说"应该这样做，不应该那样做，为什么应该这样做，为什么不应该那样做……"相信我，员工最讨厌的就是"我来教你做人系列"。你应该先问，然后再说，"我和

团队'需要'你这样做……""被需要"是一种价值，这样员工会感觉你是在认可他，而不是在指责他。

3问：你觉得接下来该如何做？我能为你做些什么吗？

引导对方去思考、改变。当一个人自己想改变的时候，才会改变。所以，批评是要营造一个他们愿意自己改变自己的沟通环境，如果他们不改变，那么还得你收拾烂摊子。

举例

（1问）

领导："你这两个星期的销售业绩都没有达标，是遇到了什么困难吗？我想听听你的想法。"

员工："最近我的状态不好……"

领导："我很理解，你压力大，我做一线销售的时候，也经历过。"

（2问）

领导："如果销售业绩一直上不来，是不是对你影响很大？"

员工："是啊，拿不到提成，还会影响年底评优。"

领导："对啊，咱们团队也很需要你完成部门业绩，你这部分业绩很重要啊。"

（3问）

领导："之前是我对你重视不够，现在我要和你并肩作战，你看看我们还能做些什么？"

员工："谢谢领导。最近电话邀约率很低，我可以加大电话量，按照公司要求的 2 倍来完成。另外，您能不能把咱们公司销冠的电话录音发给我，让我学习一下？我再模仿一下，优化话术。"

领导："好主意，我都没有想到。"

同样，再举个批评孩子的例子，具体如下。

■ 举例

（1 问）

家长："昨天作业得了 C，是什么原因呢？我想听听你的想法。"

孩子："因为我太粗心了，把加号看成乘号了，也忘了写单位……我也很不开心，我也想得 A。"

（2 问）

家长："如果一直粗心，对你有什么影响吗？"

孩子："有啊，如果连续 3 次得 A，老师会发奖品和奖状，我也想要。如果粗心，就拿不到奖品和奖状。"

（3 问）

家长："那你觉得有些什么办法得 A 吗？需要妈妈帮助吗？"

孩子："以后做完作业、试卷，再检查一遍。"

家长："好棒，妈妈相信你能做到。"

注

1. 千万不要骂你的员工，或者你的孩子，其实这就是在骂你自己教导无方。

2. 试着把"你"换成"我"，比如"你听懂了吗"和"我说明白了吗"，这两句话的意思完全一样，但给人带来的感受截然不同。

3.（对内）如何主持会议，高效解决问题

切记，开会是为了解决问题的，不是为了开会而开会（如图7-3所示）。

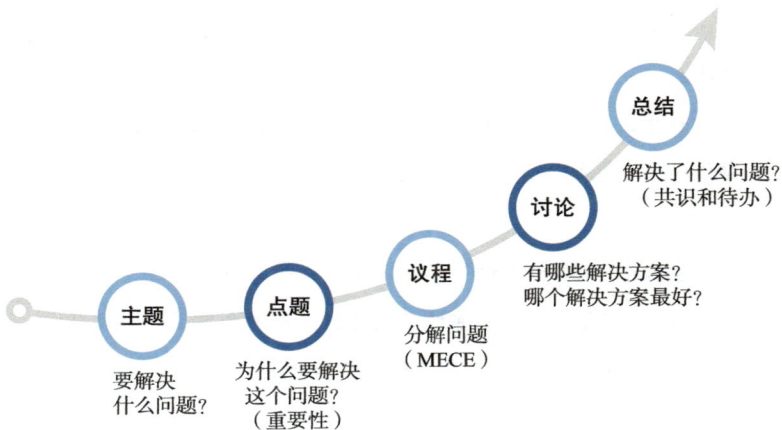

图 7-3　主持会议逻辑

主持人：解决问题的负责人。（√ 在乎结果）

参会人：需要参与解决问题的人。（× "陪会"）

决策人：分配资源（人／事／物）去解决问题的人。

会议时间建议不超过 40 分钟。

（1）主题：要解决什么问题

"开会！"

"开什么会？"

"你来就知道了。"

"……"

会议必须要有一个很明确的主题，比如"确定线上课程推广方案"。围绕主题，有备而来，主持人准备议程，参会人准备方案，如果没有准备这些，那么会议就从"解决问题"变成了"讨论问题"和"发表观点"，盯着困难发牢骚，最后不了了之。

（2）点题：为什么要解决这个问题（重要性）

对于为什么要解决这个问题，主持人如果不说，或者说不好、不到位，就调动不起观众参与的积极性。这个会议为什么重要？因为解决不了这个问题，就达不成目标。比如：

"'423 知识节'是举行课程营销活动、提高课程转化率的黄金阶段，预期销量占全年销量目标的 35%，也是各大教育培训机构新一轮角逐的竞技场，这次会议的主要目的，就是确定我们线上课程的推广方案。"

再比如：

"这个项目虽然不大，但对方是行业龙头。做好了，就相当于有了

行业背书，就容易突破其他同行客户。"

（3）议程：分解问题（MECE）

我们可以把线上课程推广分解成软文推广（微信群/微信好友/朋友圈/公众号）、短视频推广（视频号/抖音）、裂变推广（老学员）、渠道推广（合作伙伴）、广告投放推广（喜马拉雅/抖音/广点通）等，然后逐条进行分析，并思考解决方案。

（4）讨论：有哪些解决方案？哪个解决方案最好？

每人发言限时 3 分钟，不可以打断，不可以讨论，使用 Yes and 模式找到更多可能性和方案。

Yes and 模式和 Yes but 模式对比如下。

Yes but 模式：你说的方案，我同意，但是……（拒绝/找理由/对立）

会不会感觉这个 "Yes" 有点假？

Yes and 模式：你说的方案，我同意，而且让我想到了另外一点，也许能做一个补充……（接纳/想办法/协作）

这样会不会感觉舒服一点？

都是以 "Yes" 开头，但是本质上却完全不同。

对不重要的问题做过多讨论，或者讨论别的问题，都是跑题，需要主持人及时觉察和控场，比如，"谢谢，很好，这个议题咱们先放一放，会后再安排时间沟通解决，咱们先解决眼下会议的 ×× 问题"。

将会议议程、讨论方案用白板（线下）、思维导图软件（线上）视觉化呈现出来，帮助所有参会人理清思路。比对分析各个解决方案，挑选其中价值最高、风险/成本最低的方案，并细化成 "最后 1 千米" 的

行动方案（参考本书第四章中关于负责人/执行动作/截止时间的内容），请决策人决定。

（5）总结：解决了什么问题

主持人复述，确认："本次会议的共识为……待办事项为……大家还有什么补充吗？"

执行过程中，又会出现更多的问题，又要开会、讨论、执行（见图7-4）。在这样的循环中，组织目标被逐渐实现。

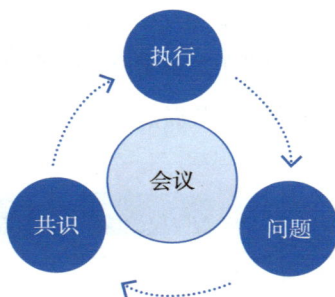

图7-4　主持会议流程

4.（对内）如何解决跨部门冲突

（1）说事实，不说情绪

我们的祖先为了征服同类或其他动物，通常会以攻击、咆哮的方式，让对方就范。留在我们身上的印迹就是带情绪的语言暴力。

（事实）你打断了我的发言。

（情绪）你凭什么不尊重我。

注意，"敌人"是问题，不是对方，不要对对方有情绪，也不要被对方的情绪带沟里。

（A情绪）这么简单的功能，为什么要做这么长时间？！
（B情绪）有本事你自己做啊！

对方生气，是因为他们内心痛苦，对方指责我们，并不能减轻痛苦，甚至会让他们更加痛苦。只要我们不生气，对方的指责就不会伤害我们，也不会伤害他们，可以避免互相伤害，陷入毫无意义的攻击与反击的死循环（见图7-5）。当我们能够觉察自己的情绪，以及对方的情绪时，心里剩下的就只有慈悲，化解痛苦。

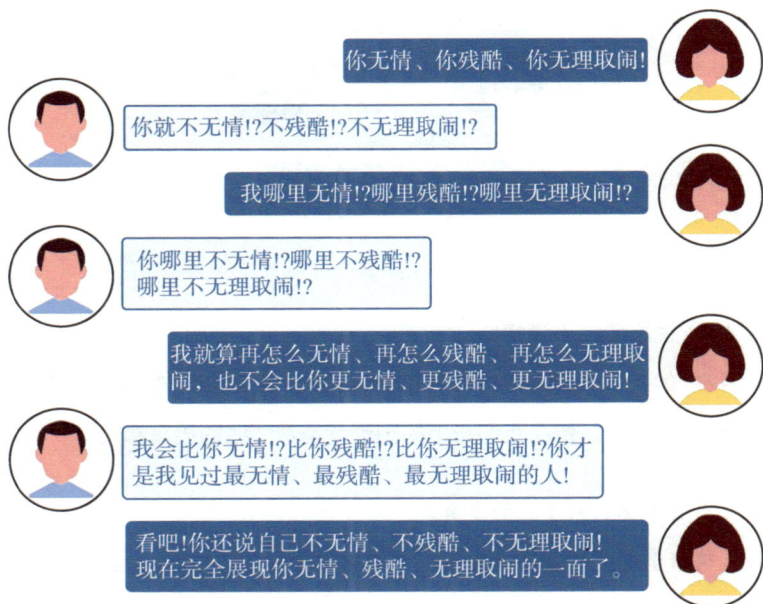

图7-5　情绪死循环

也会有人说："退一步海阔天空，可是凭什么我退？忍一时风平浪静，你怎么不忍？"你可以不退、不忍，但是你要知道，这背后，自己到底有什么作为支撑？是否能承受这种行为所带来的后果？很多有实力的人，明明可以不退、不忍，为什么还是退、还是忍？因为他们想让自己的阻力最小化、利益最大化，他们并非没有脾气。现在很多电视剧、短视频、文章鼓动大家要变得不好惹，这只不过是满足了观众有怨气、要解气的需求，如果没有主角光环，这种人在现实中都活不到第二集。

（2）说方案，不说旧账

也就是着眼于"下一步怎么做"，而不是争吵谁对谁错。

情绪背后实际上是没有满足的需求。

你应该这样！（情绪）= 我需要你这样帮我

你连这个都不懂！（情绪）= 我需要你的理解

比如销售部指责财务部死板，财务部指责销售部乱来，是因为销售部有业绩需求，财务部有风险控制需求。这个时候，一定要抛出问题，具体如下。

"我们一起想办法解决，好吗？"

"对哦，好像确实是这样……我们能做些什么避免这个问题再次发生呢？"

让对方从抱怨，转变为思考和行动。比如建立跨部门绩效奖励，让财务部有业务激励，让业务部有风控激励，这样双方都会站在对方的角度考虑问题。或者双向培训，让财务懂业务，贴近一线、优化流程、快

速响应；让业务懂财务，不只是简单地把货卖出去，还要收钱，还要利润。你越理解对方的难处，觉得对方不容易，对方也会越理解你的难处，愿意帮你解决问题。

（3）说 KPI，不说应该

不要觉得你都是为了公司好，或者拿老板说事，对方就应该怎样怎样，没有应不应该，只有愿不愿意，如何让对方愿意？就是"下一步"的做法一定要对对方有好处（即完成 KPI），甚至还要放大好处。比如，销售配合财务按照规范报销，报销速度会比平时快 2 倍。

5.（对外）如何回答媒体采访提问

企业举办或者参加各类对外的重要活动时（新品发布会 / 周年庆典 / 行业峰会），都会邀约媒体或者有媒体在现场报道，不要为了活动而活动，传递品牌价值同样重要。

高频问题 3C-1：如何看待行业或者行业趋势？（Climate）

还记得"分块"方法——经典法吗？直接运用现成的 MECE 分类方法：宏观分析方法——PEST，即 Political（政治层面），Economic（经济层面），Social（社会层面），Technological（技术层面）。如果不用 PEST，你可能会凭主观感觉讲好或者不好 ……就显得不够严谨和结构化。

比如，新能源汽车行业。

新能源汽车行业就是当年的智能手机行业。（先说结论 / 类比技术）

Political（政治层面）：双积分政策（平均燃油消耗量积分 + 新能源

汽车积分）。

Economic（经济层面）：中国是全球最大的汽车市场。

Social（社会层面）：消费者越来越喜欢不同以往的驾驶体验（加速/安静）、酷炫造型和智能互联。（三点逻辑）

Technological（技术层面）：纯电动和插电混动"两条腿"走路。

看看巨头们都在做什么、关注什么，巨头们有钱、有人、有技术，他们都在造新能源汽车，那么说明这件事，几乎是对的。

高频问题 3C-2：如何看待竞争对手？（Competitors）

不要说同行坏话、贬低竞争对手。

"来说是非者，必是是非人。"

即便对手做得不好，即便对手诋毁我们，我们也不可以贬低对手、抬高自己，因为在观众眼里，这样做的话，最起码，你也是少了几分雅量。发展自己不是为了限制对手，而是为了靠实力赢得市场。就像乔布斯肯定不是为了打败其他手机品牌才去做苹果手机的，而是为了满足甚至创造消费者的需求才做出苹果手机的。

比如，在荣耀 30S 发布会上，总裁赵明接受采访时说："竞争对手从来都不是荣耀考虑问题的核心，我们考虑问题的核心永远都是消费者，永远都是产品。"

再比如，"市场这么大，大家都有机会，我们和竞争对手都可以做得很好"。

要讲和竞争对手"差异化"的点，并向其学习、与其合作（化敌为友）。

AMD 和 NVIDIA 是全球最大的两家显卡芯片厂商，NVIDIA 评价 AMD："他们过去一直是我们的强劲对手，现在也依然如此。（差异化）只不过我们两家的战略现在不同了。我们过去都不过是元件供应商而已，跟其他元件供应商直接竞争，但现在我们是有差异的平台供应商。"

试想一下，打倒了一个竞争对手，会怎样？还会有另一个甚至多个竞争对手站出来；那没有了竞争对手，又会怎样？你很可能会不再努力。因为如果没有竞争，就没有压力、动力，小成功靠朋友，大成功靠敌人，你需要竞争对手倒逼你学习，你需要与竞争对手合作，共同提高，达到双赢。心中无敌，自能无敌于天下。

当两个人都以欣赏的态度对待竞争对手时，那么他们将不再是对手，而是惺惺相惜的知音、知己。

高频问题 3C-3：如何看待企业文化，即愿景 / 使命 / 价值观？（Company）

企业文化讲得好，就是告诉客户、合作伙伴、投资方——"我们靠谱"。但是 80% 的公司把愿景 / 使命 / 价值观都交给了淘宝——花点钱买套多家企业都在用的标语，贴在墙上，就成了自家的企业文化。比如什么"一群人、一起拼、一定赢""诚信、品质、创新、团结"等，如有雷同，纯属抄袭。

（1）价值观

价值观优先于使命和愿景。

价值观是企业在面临选择时做出决策的底线，也就是，什么是对的，什么是错的？什么事该做，什么事不该做？什么钱能赚，什么钱不能赚？如果没有正确和错误的标准，那就只有领导不可捉摸的喜好，以

及为了达成目的而不择手段、走捷径。

比如刘备集团的价值观就是——仁义。

价值观可以通过故事来表达，比如一名员工以不正当的行为，帮助公司获利。虽然他业绩突出，并且为公司创造了价值，但是依然收到了解聘通知。

（2）使命

使命就是你能够给别人、给社会带来的价值，也就是，为别人、为社会解决了什么问题。

比如，刘备集团的使命就是——匡扶汉室，结束战争，让天下太平。

（3）愿景

使命决定愿景。愿景就是你自己选择在什么领域、行业、赛道，做出什么成绩，阶段性地完成使命。比如埃隆·马斯克的使命是让人类能在火星生存，成为跨星球物种。所以他的愿景，所有的商业布局，都致力于这个使命的达成。

- SpaceX（火箭）——将人类送去火星；
- Tesla（电动车）——解决火星移民后的交通问题；
- SolarCity（太阳能）——解决去火星后的能源问题；
- Hyperloop（超级高铁）——解决移民火星后的运输问题；
- Starlink（星链）——解决火星移民后的通信问题；
- Neuralink（脑机接口）——应对超级人工智能的威胁。

使命一般只有一个，一般不会改变。但是愿景可以有多个，也会随着企业的发展阶段而变化。

更多案例参考如下。

举例

第一，美团。

使命：帮大家吃得更好、生活更好。

愿景：通过人工智能的改进，能够每天服务 10 亿人次，普惠每个人，真的帮助大家吃得更好、生活更好。

价值观：以客户为中心，正直诚信，合作共赢，追求卓越。

第二，滴滴出行。

使命：让出行更美好。

愿景：致力于成为——

引领汽车和交通行业变革的世界级科技公司；

全球最大的一站式出行平台；

全球最大汽车运营商；

全球智能交通技术引领者。

价值观：创造用户价值、数据驱动、合作共赢、正直、成长、多元。

企业战略和个人战略有很多相似之处（见表 7-1）。

表 7-1 企业战略 VS 个人战略

企业	阿里巴巴	个人	Sophie
价值观： **企业的行为准则** **是什么** 行为→结果 （即使命／愿景） 做事、合作的 底线	客户第一，员工第二，股东第三 因为信任，所以简单 唯一不变的是变化 今天最好的表现是明天最低的要求 此时此刻，非我莫属 认真生活，快乐工作	**我是谁**	熵减：奋斗逆向做功 智慧：学识渊博、幽默风趣、浪漫有爱。 （Sophie 就是智慧的意思） 利他：不论你想得到什么，你必须首先帮助别人获得它
使命： **为什么创立这家** **企业** 跟别人有关 终极目标、意义	让天下没有难做的生意	**我从哪里来**	（通过 PPT 演讲）帮助职场人成为有公司领导力和行业影响力的牛人
愿景： **企业会发展成什** **么样子** 跟自己有关 5 年／10 年阶段性 目标（更新）	活 102 年：我们不追求大，不追求强，我们追求成为一家活 102 年的好公司。到 2036 年，服务 20 亿位消费者，创造 1 亿个就业机会，帮助 1000 万家中小企业盈利	**我要到哪里去**	成为全球最棒的 PPT 演讲老师（线下课／线上课／书）

你是谁？＝你的价值观，塑造了你。

你从哪里来？ = 你的使命，赋予了你生命的意义。

你往何处去？ = 你的愿景，引领了你。

果子、树根——提升高管演讲的影响力和能量

领导者的唯一定义是有追随者，如何让下属死心塌地跟着你？

答案是 3 个字：做伯乐。

首先，伯乐本身就是千里马，先发现了自己，再去发现别人。（下属能从你身上学到很多东西。）

其次，伯乐能欣赏千里马的优秀，不能因为千里马变得更优秀而感觉自己受到威胁，羡慕嫉妒恨。下属变强会不会替代你？不会，因为你没有看到其他两个变量：第一，你也变得更强了；第二，公司内外部不止一个机会。比如，你们同时被提拔了。

最后，伯乐不仅乐于成就千里马，并且有成就千里马的资源、机会。让千里马进入"跑道"，跑出成绩。（真心为下属的未来发展考虑。）

千里马需要伯乐，伯乐也需要千里马长足发展，千里马和伯乐其实是相互成就的。

突发状况——危机公关新闻发布会如何发言，转危为安

本节讲的方法，不仅是针对企业的，个人危机公关也适用（如图 7-6 所示），比如工作上出现纰漏或者没有达到领导的期望，被追责、

追问。

道歉（现在）	原因(过去)	方案（未来）
20%	30%	50%

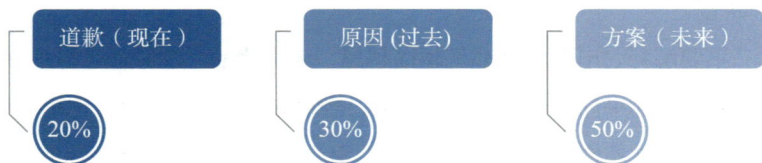

图 7-6　危机公关新闻发布会演讲的逻辑

1. 20% 道歉（现在）

情绪比事实更重要，不管怎么样，先道歉，放低姿态。比如，丰田就 2009 年"汽车召回事件"（零部件缺陷）召开新闻发布会，丰田汽车公司总裁（级别高、够重视）丰田章男上台，什么话都没说，先 45 度深鞠躬，让在场的媒体、观众感受到了真诚。

死不认错→往死里认错。

黄执中老师讲过一个"蚂蚁搬大象"的道歉故事。

✗ 搬不动大象不是我的错，是大象的错，都怪大象太重了，不能怪我，而且，就算换了别的蚂蚁，照样搬不动。

VS

✔对不起，搬不动这头大象，全是我的错，全怪我，都是我准备不足，努力不够，我会反省，我很愧疚。

在这个故事里，背负的责任就是大象，你（道歉者）就是蚂蚁，你要很努力地背负起这个责任，甚至到夸张的地步，而不是推卸责任。说

不定观众还会反过来劝你两句，"你看大象多大，你多小，你怎么能搬得动呢"。

不要解释、申辩，这都是越描越黑、火上浇油。就像被老板批评，不管对错，如果你跟老板直接起冲突，当时你可能会觉得爽，但事后你仔细想想，你离你的职业目标更近了，还是更远了？放下批评就是放下觉得自己不好的预设判断，老板批评你，可能是对你有期待，如果老板哪天不批评你了，那就真的是放弃你了。

2. 20% 原因（过去）+50% 方案（未来）

先道歉，公众也好，领导也好，气就消一半了。接下来，要做的就是分析问题（原因）+ 解决问题（方案），这是证明自己的好机会，也只有当你分析和解决了自己的问题，你的道歉才配得上被人原谅。

比如丰田汽车召回事件。

分析问题（原因）：业务发展速度超出了自身的能力，使公司对一直以来最为重视的对造车的苛求有所疏忽。

解决问题（方案）：将采取 3 项措施加强质量管理。第一，成立由社长直接管辖的"全球质量特别委员会"；第二，建立实地技术调查体制，更直接、更迅速、更准确地把顾客的声音传达到公司的质量本部、开发本部；第三，培养质量管理人才。

再比如被老板批评时，不要只说"我知道（错）了""保证下次不会了"，这样显得很无力、敷衍，而应该说"（原因）是我疏忽了，（方案）我有 3 个办法来补救这个问题，您看行不行"，恳请老板的帮助和

支持，反而会使你成为老板更加信任的人。

总结整个过程，像不像你和男朋友吵架时，你问男朋友的问题：你错了吗？（道歉）你哪里错了？（原因）你以后打算怎么改？（方案）

注

1. 对外只有一种声音

口径不统一，给公众的印象就是企业内部管理混乱，问题很多。犯的错误越严重，需要越高级别的管理者第一时间出面发言。如果出面发言的管理者级别不够，会让公众觉得企业对这件事不重视；如果出面发言的时间延迟，会让谣言传得满天飞。

2. 高管说话要有边界

"大嘴巴"高管是公司舆论的"黑天鹅"，如果他发表了不当言论，很容易产生不可预测的负面影响。比如发微博、朋友圈等，很难区分他究竟是代表个人发表言论还是代表公司发表言论，如果他说了不合适的话，就可能会导致公司股价暴跌、粉丝离场。

3. 最好的危机公关是没有公关

最好的方法就是别让这件事发生，和"上医治未病、中医治欲病、下医治已病"同理。

第八章

手把手教你直播带货演讲，赢得粉丝、流量、销量

如果你刚接触直播带货，或者正在想尝试直播带货，那么你可能会产生下面这几个困惑。

不知道对着镜头要说什么，或者语无伦次；

不知道怎么调动直播间氛围才能不冷场；

不知道怎么留住进入直播间的粉丝；

不知道如何在直播间把产品卖出去，提升成交转化率。

……

老规矩，我们先以一场 2 个小时的直播为例，用大树法则来分析一下这几个问题。

树干（主题）——直播的标题怎么写，观众才会进来

主播在直播前要做的第一件事情就是设定一个预告标题来"引流"，其实就是用一句话写出直播最闪亮的那个点。直播的标题具体可以分为以下几个类型。

1. 促销型

给观众一个冲动消费的理由，冲着这个理由进来的粉丝有心理预

设，下单就比较爽快。

"A 级猫山王 9.9 元秒杀"

"冬衣夏卖反季热卖 1 折封顶"

"年终宠粉回馈！第 2 件 0 元起"

2. 节日 / 季节型

借用节日或者季节噱头，比如情人节、"双 11"、公司周年庆、新产品上线等来进行活动营销。

"抽茅台，送金条，征途 16 周年庆典直播"

"开学季小学生必备课外书来啦"

"夏季 20 套不重样穿搭范本学起来"

3. 客群型

这种类型的标题就是把自己的客户群体直接写在标题上，精准引流，一个精准客户胜过 100 个泛粉。

"好用不过百的学生党护肤品推荐"

"胖妞穿搭，时尚离你不远"

4. 教程型

这种类型的标题就是让观众知道在买点什么的同时还能学点什么，

或者在学点什么的同时买点什么。比如美妆直播，主播在推荐护肤产品时也会分享护肤技巧。再比如知识直播，老师分享知识时也可以推荐课程和书籍。营销的最高境界是培训消费者，以专业的身份跟客户专业地沟通，并提供很多产品以外的价值，快速获得信任、认同和买单。

"婴幼儿奶粉怎么选？看这里"

"百元耳机不会选？猛戳直播间"

"3 招教你鉴别羽绒被质量好坏"

看直播买东西和去淘宝、京东买东西很不一样，去淘宝、京东购物都是知道自己想买什么，输入关键词搜索就好，但是去直播间的观众一开始都不知道自己要什么，只是无目的地随便看看，有点像赶集，又嗨又燃的直播间，就相当于是一个人头攒动的摊位，会吆喝的主播，生意差不了。

树枝（逻辑）——直播带货演讲的逻辑结构

直播带货演讲的逻辑，我可以用一张图来说明，见图 8-1。图中展示得很清晰，我就不过多解释了。

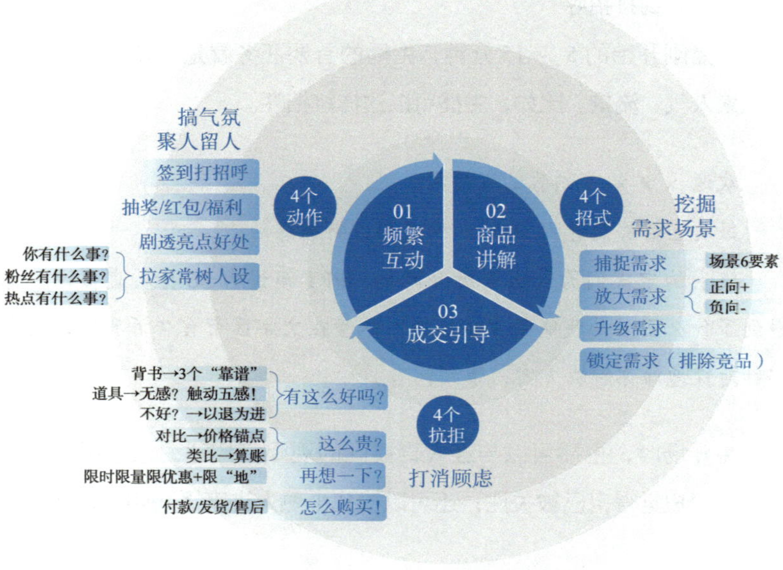

图 8-1　直播带货演讲逻辑

树叶（故事）——直播带货如何讲，才能更吸引人

1.频繁互动：4个动作搞气氛、聚人留人

直播间留人不是多留一两个观众，而是让每个观众都在你的直播间多留一两分钟。因为观众有进有出，每个直播间都会逛，哪个主播吸引到了他，他就会多留一会儿，如果主播吸引不到他，他就走了，然后去

看下一个主播，非常现实。

（1）签到打招呼

直播刚开始的 5 ～ 15 分钟，主播的首要任务就是把场子炒热，迅速积累人气、流量。比如，主播可以这样打招呼。

欢迎 ××× 来到我的直播间。

每次上播都能看到 ××× 的身影，特别感动。

线上的宝宝们为什么来听今晚的 "PPT 演讲力 36 计" 直播课？你遇到了什么困难是我能帮你搞定的？尽管在文字区留言告诉我哈，我会有针对性地给你解决方案，帮到你哈。

在开场时，主播可以与进入直播间的观众打招呼，念出用户的昵称，让用户觉得自己被关注；还可以找几个熟人进直播间聊天，带动评论节奏。

（2）抽奖 / 红包 / 福利

这个方法的目的是不赚钱赚人气，让观众舍不得离开。

抽奖——

Hello，今天开播礼物还是跟上次一样，刷一波 "666"，截 6 个人随机送 6 本书。

大家好，我来了，废话不多说，先来抽波奖。

奖品的选择可以参考以下三个思路。

- 选明星产品：比如戴森吹风机、SK-II 神仙水、iPhone14Pro

等，这些明星产品自带流量。

- 选相关产品：比如买牙膏送漱口杯。
- 小奖品，大价值：要像对待正品一样，塑造奖品的价值，奖品价值越高，其对用户的吸引力就越大。

比如叶武滨老师的"时间管理直播课"，粉丝转发直播间到朋友圈和微信群，就可以参与抽奖得《2022 高效年册》。

（塑造奖品价值）只送不卖！不同于传统、普通的年历记事本，它是一套科学的、被数万名学员验证的时间管理系统，从能帮助你做好一件事，到帮你安排好自己的每一天；从能过好每一天，到掌握自己未来 2 周内的事务；从掌控 2 周到未来 3 个月的目标，到一年的计划、一生的梦想……（边说边翻年册展示事表、日表、周表、月表、年表等。）

这样会给人一种"赚到了"的感觉，不仅第一时间把观众留在了直播间，还会促进粉丝"老带新"。

福利——

比如，限量 1 元包邮秒杀。

给商品打五折不如买一送一，这样不仅客户觉得实惠，并且还加快了库存的消耗。

抽奖/红包/福利多种玩法可以叠加使用，也可以引导观众完成某

项任务，比如关注、点赞达到某个数值，再使用。

（3）剧透亮点好处

让观众预先知道在这场直播里面能看到什么、获得什么，更有可能把他们留在直播间。甚至可以把最大的好处写在直播标题里，比如罗永浩的直播标题就有剧透——"一线大牌半价"。

（4）拉家常，树人设

这个方法就是指主播要展现自己的"人间烟火气"（被观众信任），要聊和直播主题相关的故事，比如我在天猫"双11"直播卖《PPT演讲力》书籍时，是这样讲故事的。

第一，你有什么故事。

（掉山洞情节）这本书是我在疫情期间创作的，当时很惨，不能开课了，说的俗一点，就是不能赚钱了，生死存亡啊！

（修炼中）我当时脑子里就蹦出一个金句：君子藏器于身，待时而动。在不利于自己的条件下，我们能做的就是系统充电、加强修养，这就是"藏器于身"，等机会来了，咱们要充分展露自己的才华，这就是"待时而动"。所以我就闭关写书，把10年来我自己的和我服务学员的案例整理、总结出来，从1月写到6月。

（爬出来）然后书稿被人民邮电出版社的飞龙编辑看中了，当我第一眼看到"飞龙"这个名字时，我就说："妥了，好名字啊，我'潜龙勿用'了这么久，终于可以'飞龙在天'了。"果然，这本书出版10个月就卖了10万册。所有遇到大机会的人，都是因为他在机会来临前准备好了自己，每个瞬间的爆发，都源于过去的日积月累。

不经意之间透露自己生活、工作、人生的辛酸、困难、失败……这种像极了普通人的故事，能够瞬间拉近观众与主播之间的距离，帮助主播成功圈粉。

第二，粉丝有什么故事。

有学员跟我抱怨，说写逐字稿太累，我就建议他写个快速逐字稿，先试讲并录音，再用语音识别软件把录音转成文字，最后再调整、修改。

第三，热点有什么故事。

受疫情影响，股神巴菲特的股东大会采用了线上模式，为了呈现最好的效果，89 岁的巴菲特学会了做 PPT，而且唯一被巴菲特挂在办公室墙上的证书也是演讲证书，所以 PPT+ 演讲＝必学神技。

不仅是在开场，在整个直播过程中，主播都要与粉丝非常频繁地互动，介绍产品时不仅要实时回应评论、回应问题、送礼物，还要引导粉丝评论、提问题、要礼物。

此外，我再介绍两种互动技巧。

技巧一：打数字。

"家里的娃不在课堂上举手发言，不竞选班委，从不争当第一，只愿意当跟随者，不参加学校的各种活动，表现出一种很'佛系'的样子，有没有这种情况？有这种情况的请打'111'……这些朋友要小心，这其实是孩子的语言表达能力弱造成的。"

"刷波'520'让我感受一下你们的热情。"

"（皮带）想给老公买的打'1'，想给父亲买的打'2'。"

技巧二：打文字。

"宝贝们打'王炸款'，接下来我们要上王炸款了，直接炸一波。"

要想带好观众情绪的节奏，要想让观众发言，让顾客喜欢你、信任你，最简单的方式就是让他们多说话。

直播间转化率和你与粉丝互动的次数成正比，你与粉丝互动的次数越多，成交率就会越高，每次互动都是信任传递的过程。哪怕一次小小的点赞、评论、转发……都是一个认可的过程。

2. 商品讲解：4 个招式挖掘需求场景

（1）捕捉需求

捕捉需求的关键就是把卖点场景化。比如我们耳熟能详的广告语，都是在激活消费者的购买场景，比如，"怕上火，喝王老吉""经常用脑，喝六个核桃""困了累了，喝红牛"。

如何做到这一点呢？下面我讲一下"场景化"的六要素。

要素一：谁会用到我的产品？

把产品适用的人群说清楚，比如"熬夜党""学生族""零基础"……

（阅读架）尤其推荐需要久坐、经常伏案的人群使用。

（速溶咖啡）无论是学生党还是工作人士，饮用一杯，都能提高您的学习、工作效率，让您以充沛的思考力和清晰的思路迎接每个重要的人生节点。

要素二：什么地方会用到？

家里、办公室、车上、路上……

（自嗨锅）回家懒得做饭？用自嗨锅不到20分钟就能吃到热腾腾的食物，一整天的疲倦一扫而光！

（帽子）如果你下楼买菜的时候懒得化妆，戴上这个帽子就好了。

要素三：什么情境会用到？

同学聚会、参加婚礼、见客户讲解方案、面试、相亲、孩子毕业……

（精华油）可以和乳液、面霜混合后使用，也能滴1~2滴到粉底液中，让底妆更加持久服帖，甚至能加到身体乳中，增强保湿度，或是用来护发，涂抹于干枯的发梢。

（骨传导耳机）走路、跑步甚至剧烈运动，都能牢牢地趴在你的头上。

要素四：给谁买？

子女、父母、夫妻、婆媳、上下级、朋友……

（书籍）送亲朋好友／员工／客户＝送成长、成功，非常不错呢。

要素五：什么时候／时间会用到？

工作日、周末、节假日、各个季节……

（代餐）大家早上喝杯这个，不用买早餐，一早上都很精神。

（整理箱）换季时，我们可以把过季的东西放起来不用，把应季的东西拿出来用。

要素六：什么心情下会用到？

开心时，要吃火锅；伤心时，更要吃火锅。约上三五好友围一桌，就是幸福快乐好时光！

总之，在直播中，主播一定要把产品放到至少一个具体的场景要素里，而且多多益善。你为粉丝营造的场景越多，粉丝买你产品的理由就越充分。比如喝水杯，可以买给孩子，上学时可以带；可以买给自己或者家人，旅行时可以带，装到包里不占地方、不漏水。这样说，粉丝才会有更多的代入感，觉得自己有必要买，能用得上。

另外，主播甚至可以根据产品进行场景化直播，比如林依轮穿着围裙，把直播间变成厨房，教大家做菜，与助理们现煮、现吃、现聊天、现卖（餐具、纸巾、调料等），隔着屏幕都能感觉到他对为粉丝推荐好物的热爱，这也点燃了粉丝们下单的热情。

（2）放大需求（天堂地狱法）

先展示没有这个产品的时候，生活、工作、人生的各种糟心场景；再展示有了这个产品后的各种舒心场景。经过前后对比，一个地狱，一个天堂，激发消费者的代入感和购买欲。

负向（地狱）→放大焦虑/恐惧/危害＝痛苦场景＋严重后果，无法承受，采取行动。

正向（天堂）→放大美好／收获／价值。

▰ 举例 1

（负向）清洗榨汁机滤网对我们来说简直是噩梦，是不是？用几次就不想用了，是不是？就是因为太—麻—烦—了！用完必须马上用刷子刷干净，因为等会儿会更难洗，刷完还得组装，还得洗刷子……

（正向）而这台机器，容器本身就是杯子，所以，清洗时只需用水冲一冲杯子和搅拌刀头就行了，简直不要太方便！真正的好东西，不仅好用，也好下次用，不是吗？

▰ 举例 2

（负向）在天气干燥时或是换季期，脸颊、鼻子、嘴角干的地方会起皮，粉底液抹不匀。

（正向）用玫瑰纯露泡一片纸膜，然后湿敷 5 分钟，干瘪肌肤瞬间被滋润，后续上妆轻松多了，自然服帖，一天都不卡粉。

（3）升级需求

很多消费者在购物时，特别是在买比较昂贵的产品时，会产生一种负罪感。这时，主播需要帮助消费者升级需求场景，告诉她这不是乱花钱，是必要的。

比如买洗碗机是为了夫妻幸福，不再为了谁洗碗而吵架。一切能够避免夫妻矛盾的设备都是值得购买的！吃完饭后，碗筷往洗碗机一扔，清洁剂一放，然后躺沙发上玩玩手机、聊聊天，或者做做工作，这样不是很美好吗？

这种方法的本质逻辑就是洞察隐性需求场景，改变现状/提升能力/优化事业/提升收入等，这样花钱就变成了赚钱，帮助客户下决心购买。其他具体案例如表 8-1 所示。

表 8-1　捕捉/放大/升级需求的案例

产品服务	捕捉需求 （显性——能立刻解决的问题）	放大需求（负向→正向）	升级需求 （隐性）
扫地机器人	谁会用到我的产品"加班族"	－天天加班、天天加班，好不容易盼到周末，我的天啊，这个屋子也太脏了，简直就是垃圾场。于是各种擦擦扫扫的，周末又过去了，继续加班……	真正优秀的人，都懂得如何为自己节省时间，把更多时间投入到自己更擅长的领域，让自己的时间更值钱
		＋躺在床上动动手指头，家里已经搞干净了	
口气清新喷雾	什么情境会用到我的产品约会、面试、见客户前喷一喷	－交流、聊天时隔着 1 米之外都能闻到口气，捂嘴也挡不住，别人嫌弃、自己尴尬……	口气清新，说话更自信，自信让你更成功
		＋喷一喷，从口腔瞬间蔓延到喉咙的清凉感，舌头、牙齿、牙龈处处都是薄荷清香，全方位无死角清新口气	

（4）锁定需求

这个方法的目的就是让粉丝放弃竞品，选择主播推荐的产品，凸显自己有而竞争对手没有的独特卖点。

锁定需求 = 竞品采取什么技术 / 原材料 / 设计 / 工艺……+

带来的不好结果 + 辨别的方法 + 我家产品采取什么技术 / 原材料 /

设计 / 工艺……+ 带来好的结果

举例 1

虽然都是手工面包，但是别人家为了省事和省钱，用的都是在冷库里冻得硬邦邦的面团，因为长时间的冷冻储存（–20℃以下），面筋冻损，20% ~ 30% 的酵母失去活性，后期发酵力变差，吃起来会发酸、发干，口感差。为了维持口感，有些人又会往面包里添加各种乱七八糟的添加剂。但是我们都是每天凌晨早早起来和面，现揉现烤，零添加，100% 安全营养，新鲜的一天，从健康新鲜的面包开始。

举例 2

市面上的整理箱，不是圆角，就是梯形，放东西总是贴不到边，很难受。而我们的整理箱，垂直面和底面的夹角接近直角，超好用。

成交引导：打消 4 大顾虑

消费者的购物欲望被激发后，是不是会立即购买产品呢？大多数消费者迟迟不肯下单，是因为还有 4 个不放心：真的有这么好吗？这么贵？要不要再考虑一下？怎么购买？针对这几个典型的消费顾虑，我分别提供了一些有效的工具。

顾虑一：真的有这么好吗

（1）为产品增加背书——3 个"靠谱"

我靠谱：品牌 / 年限 / 专利技术 / 销量 / 榜单 / 高复购 / 被同行模仿 / 自用款。

在直播间推荐产品时，主播经常会讲"家里人也在用"，接着展示自己的购买订单，证明是"自用款"，而且是重复购买的产品。这些看似不经意的动作，其实都暗藏心机——以此打消观众对产品的顾虑。

给我评价的权威靠谱：专家推荐 / 明星推荐 / 获过奖 / 认证报告 / 小红书种草。

（减脂课）国家队都在使用的体重管理方案，你也可以在夏天之前小一码。

我的上下游靠谱：权威合作伙伴 / 权威供应商。

权威合作伙伴：

我们是世界 500 强企业的供货商 / 冬奥会的赞助商。

权威供应商：

（牛轧糖）牛奶是新西兰安佳品牌。

资生堂、雅诗兰黛、兰蔻等许多大牌护肤品配方都诞生于日本科玛集团柏原研究所，我们的 ××× 洗发水配方也是。

（2）用道具展示效果

主播可以通过设计挑战极端的实验或者对比测试结果，将产品使用后的效果呈献给粉丝看。

"挑战极端"就是设计一个场景，对产品核心卖点进行残酷、苛刻的考验，看它是否能够挑战成功。比如一款手表，卖点是防水，可以直接把手表扔到水里，展示指针还在走，这样简单粗暴的方式往往可以产生让人震撼的效果，也很好地证明了卖点。

"测试指标"就是设计一个实验，对产品核心卖点进行检测或者对比，看它是否达标或者有效。比如用皮肤成分分析仪检测化妆品涂抹前后角质层水分含量，验证其保湿功效。道具展示的其他案例见表 8-2。

表 8-2　道具展示（挑战极端、测试指标）案例

产品	卖点	方式	道具实验
床垫	零压力	挑战极端	将生鸡蛋按入床垫，鸡蛋不破
吸尘器	除螨	挑战极端	在床单上撒面粉模拟螨虫、灰尘，然后盖上一层被子，开始清洁。吸了几个来回后，打开被子，面粉全部都没了

（续表）

产品	卖点	方式	道具实验
洗面乳	泡泡致密细腻	挑战极端	在打出的泡泡上放一枚硬币，泡泡不塌
戒指	真钻石	测试指标	用测钻笔，亮到 10 个灯以上并发出蜂鸣声，测试通过
代餐	减肥	测试指标	正常饮食 30 天，记录体重（表格），基本不变 代餐饮食 30 天，记录体重（表格），整体下降

　　道具实验，除了直观表现产品核心卖点之外，还会让直播变得好看、有趣，黏住粉丝。粉丝停留的时间越长，越有可能产生消费。

　　另外，我们对事物的感受来自于我们的五官，主播可以通过道具引导观众看见、听见、闻到、品尝到、触摸到产品，进而打动客户。主播还要把自己当成客户，表演正在使用产品（道具），把自己的眼睛、鼻子、耳朵、舌头、身体、心理的直接感受告诉观众。比如，"（羽绒被）盖在身上，柔柔的、轻轻的，好像被一朵温暖的云拥着。完全没有沉闷压迫的感觉"。

　　（3）以退为进

　　"好"的点咱要重点说，"不好"的点咱也要提前提醒，这样更能让观众感受到真诚，更能打消观众的顾虑。比如，"这款充电宝主打方便小巧，但如果是长期出差的朋友，建议你们购买另一款容量大的"。

顾虑二：这么贵

（1）价格锚点（竞品／其他商品对比）

与其让粉丝们习惯性地比价，不如主动替他们对比竞品价格。雷军就经常在小米手机产品发布会上进行各种参数、价格对比，让小米产品看起来性价比超高，哪里都好。

再就是找到一个对比的商品，让你的商品看起来很便宜。

"我们直播间比免税店还便宜！"

"（去黑头喷雾）100% 日本原料进口，配方不变，容量不变，效果不变，价格只有三分之一！没有品牌溢价、没有中间商赚差价、更没有代购买到假货的风险。"

（2）算账（类比）

这个方法就是把产品价格拆解到最小的计算单元，可以按时间来拆解，也可以按人数拆解。再贵的价格，拆解到最小的计算单元也不会贵到哪里去。

（付费社群）一年 999 元，一天不到 3 元，也就是一瓶可口可乐的钱，就可以跟大咖促膝长谈，太值了。

一台洗碗机正常能使用 5 年以上，以 2800 元计算，每天只需大约1.5 元。按照现在的人工劳务费行情，在哪里能找到只收取 1.5 元就帮你洗碗的保洁阿姨呢？

此时推荐使用计算器道具，啪啪啪地一顿操作，可以更好地营造

氛围。

顾虑三：考虑下

针对这个顾虑，主播的化解方法就是：限时限量限优惠（参考《PPT 演讲力》）＋限"地"。

（1）限"地"——直播间专属价

"不用想，直接拍，只有我们这里有这样的价格，往后只会越来越贵。"

"今晚全网最低，没有比这更低的价格了，有的话我给你补差价！"

把产品在其他平台的价格截图打印出来，在直播间展示，打消消费者对价格的顾虑。

（2）限优惠

优惠要给出合理的理由（新号涨粉、节日活动、换季清仓、新品上市等）。

然后将买一送三、买一送多进行拆分，同时陆续拿出赠品，制造出层出不穷的惊喜感。

"买 1 个送 1 个、送 1 个再送 1 个……"

这可以让直播间观众在听觉和视觉上获得双重刺激，客户要的不是便宜，而是感觉占了便宜。

其他技巧还有，前 ×× 名下单粉丝额外赠送、随机免单、满减折扣，等等。

（3）限时

"电压力锅预售期间下单，还将获赠日式餐具 16 件套，价值 198 元！"

"最后三分钟，没有买到的宝宝赶紧下单、赶紧下单、赶紧下单。时间到了我们就恢复原价了！"

（4）限量

"（到点涨价）倒数 10 个数后开始限量抢购，抢完就下架。"

这就是"加库存"的套路，故意限制上架产品的数量，第一波售罄后，主播在直播间直呼"没货了，秒完了、抢完了，还可以加库存吗"。紧接着就"踢单"变相补货，"看一下谁还没付款，没付款的踢一下单，好吗"。通过这样的方式不仅可以控制销售节奏，还可以营造抢购氛围。利用稀缺性，让粉丝感觉抢到了是惊喜，没抢到下次会更快出手。

顾虑四：怎么购买

要化解这个顾虑，主播需要用到收单技巧，说清楚付款 / 发货 / 售后流程，冲动就是一瞬间，说不清楚，就有大量的订单流失。

（1）付款

如何领券？如何付款？……同时小助理会用手机或 iPad 展示如何点商品链接、点优惠券、点立即购买、填数量、点确认等。

（2）发货

主播要说清楚拍下之后发货的时间，发什么快递，大概几天能收到货，有没有运费险等。

（3）售后

收到货之后，有质量问题，如何处理？如果有退款机制，一定要体现出来，减少付款阻碍（风险逆转）。

以上各环节，大概每 18 分钟（观众注意力上限）转一圈，重复流程，循环介绍。主播要考虑到很多消费者是半路加入的，他们并不知道你之前讲了什么，所以每个阶段要有衔接、节奏。每个细小的差别叠加，就会放大最后的转化，每一步都做好，结果自然就会好。

整个直播间的观众消费心理可以总结为如下几点。

- 这里好热闹！在卖什么？瞅瞅？
- 还能抽奖？薅个羊毛再走？
- 这些"场景"我都遇到过，没有这个产品确实有麻烦／痛苦／损失，我好像能用得上。
- 专家、大家都说好，这个产品好像是真的好。
- 性价比挺高，要不要买一个？
- 有优惠，好划算，可以买！
- 在哪里付款？什么时候发快递？

一个好主播的演讲至少决定了直播间半数以上的转化率。把以上流程变成脚本（逐字稿），在整场直播中，主播才能稳定输出，节奏紧凑，环环相扣。

果子（传播力与影响力）——借助老板 IP，把生意搬到直播间

老板 IP，就是老板或者合伙人、高管如果能自带流量，那么可以亲自登台演讲，为品牌代言，在直播间卖自家产品，与粉丝（消费者）对话，这是一个趋势。与其他主播相比，老板主播的内容深度、信任程度、优惠力度完全不在一个级别。

树根（能量）——谁更加贴近市场，谁就更有机会

直播带货是每个人都可以干的一门生意，赚不赚钱、赚多赚少，其实都不重要，重要的是培养商业运营能力和保持市场敏感度。在做直播带货的过程中，你会学习如何引流获客，什么是投入产出比，怎样定位选品……当你以一个"生意人"的视角看待你的工作/生活/人生时，你会更加理性客观——如果你没有得到自己想要的东西，只会是你错了，因为市场不可能出错。而且你只有身在其中，才会在当下或者下一波浪潮到来时及时抓住机会，站上浪潮之巅。比如活跃在论坛博客比较流行的时期的人，也会抓住公众号的机会，还会抓住短视频直播的红利，一路赢，一路赚。没有人是横空出世的，你必须提前进场。

突发状况——主播如何面对黑粉

恭喜你，有黑粉说明你还挺火的。黑粉也是粉，不火的时候，应该

也没人会去批评你。

黑粉可以分为 3 种：挑刺黑粉、无脑黑粉、职业黑粉。

1. 挑刺黑粉

挑刺黑粉就是指给你的产品或服务挑毛病的人。嫌货才是买货人，没有异议也很可能是根本就不想买，有异议有可能是想买但又想要更多的好处，或者希望主播的解答增强他们的购买信心。所以我们要在粉丝挑剔的过程中寻找销售契机，见图 8-2。

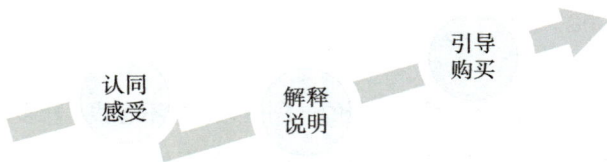

图 8-2　挑刺黑粉转真爱粉的 3 个步骤

（1）认同感受

主播应表达与粉丝有同样的感受，或者对粉丝有这样的感受表示理解，和粉丝站在同一战线，而不是敌对。但要注意，理解粉丝的感受不代表认同粉丝的观点。

"如果我是您，我也会有这个感受……"

"我能理解您的心情（想法、处境等）……"

"您的担忧是非常有道理的……"

比如直播推荐"时间管理直播课"时，有粉丝挑刺：

"不就是早睡早起、跑步运动嘛，谁不会？有什么用？为什么要花钱学？"

我当时串场主持（认同感受），回应说：

"我是老学员，一开始我也这么觉得，因为我发现一个神奇的现象——早上起来，拿起手机，看朋友圈，同学们不是5点起床打卡，就是跑5千米打卡，我觉得这帮人太能炫耀……"

（2）解释说明

对于粉丝对产品或服务的不了解、不理解之处，主播应该及时给予解释说明，消除粉丝的"无知"与"误解"，把异议变成卖点。

（接"认同感受"的回应）

"（解释说明）后来我发现，他们会打卡1个月、2个月、3个月……甚至有人会打卡3650次，这可是10年啊，然后我就坐不住了，也不知道哪根脑神经受到了刺激，我也开始早起跑步，好不容易累死累活地减下了体重，然后就舍不得乱吃，就开始注重科学饮食，睡好、吃好、运动好，精力充沛、心情愉悦，工作效率飙升，有更多时间陪伴家人……生活、工作、人生一下子就进入了正轨、正循环。原来，优秀就是从做好一件小事、拥有一个好习惯开始，这个课程不仅让我知道，还让我做到，不仅让我做到，还让我坚持做到、做到更多。"

（3）引导购买

每处理一次异议，就提出一次成交邀请。

（接"解释说明"的回应）

"（引导购买）所以在我看来，我们卖的不是课程，卖的是时间，是生活方式，是优质人生，这些都是无价的。我带着无比感恩的心推荐大家购买，花 3800 元买一次改变人生的机会。"

再比如，有产品搞特价时，会有粉丝认为：是不是质量有问题？

"（认同感受）我非常理解您有这样的疑问，真的，因为这个价格太实惠了，换我也会这么想。（说明情况）这款产品是我们家的爆款，我自己都在用，质量特别好，之所以这段时间搞这么大力度的活动，一是回馈老客户，让他们优惠复购；二是鼓励新客户，让他们尝鲜购买；三是冲业绩、冲榜。（引导购买）完全不用担心质量，我们给宝宝们购买了运费险，七日无条件退换，没有任何损失，放心购买！"

三步成功"拔刺"，黑粉就转真爱粉了。

2. 无脑黑粉

这种粉丝的特点是，不管你说什么，你说什么他就批评什么，好像他们的人生乐趣就是批评指责别人。对于这种粉丝，主播不要回应，应该对他们无视、不理睬。如果对方一直不停地指责批评，主播可以直接把他拉黑，不要因为这类黑粉的出现而乱了阵脚。或者也可以表示感谢：

"感谢粉丝们的支持以及黑粉们的陪伴，不管是喜欢我还是讨厌我

的人，终究都会成为我成长和提升的动力。"

3. 职业黑粉

这类黑粉一般是竞争对手有意雇来的批评者，目的就是影响主播的情绪、打乱直播间的秩序。对于这类黑粉，主播可以直接戳穿对方的身份，提醒对方不要在这里无端指责，不如把这个时间和钱花在提升自家的产品质量和服务上，让粉丝们获得实在的好处。

总之，有多少人支持你，就会有多少人抵制你，你能承受多少赞誉，就得承受多少诋毁，这个世界是公平的。

～·～　～·～　～·～

U0740044